俄罗斯

黑龙江省
Hēilóngjiāng Shěng

哈尔滨
Hā'ěrbīn

长春
Chángchūn

内蒙古自治区
Nèiménggǔ Zìzhìqū

吉林省
Jílín Shěng

辽宁省
Liáoníng Shěng

北京市
Běijīng Shì

沈阳
Shěnyáng

集安
Jí'ān

呼特
hotè

朝鲜

大同
Dàtóng

石家庄
Shíjiāzhuāng

天津市
Tiānjīn Shì

大连
Dàlián

渤海

太原
àiyuán

河北省
Héběi Shěng

济南
Jǐnán

韩国

西省
ī Shěng

山东省
Shāndōng Shěng

青岛
Qīngdǎo

东京

洛阳
uòyáng

郑州
Zhèngzhōu

江苏省
Jiāngsū Shěng

黄海

河南省
Hénán Shěng

合肥
Héféi

扬州
Yángzhōu

苏州
Sūzhōu

湖北省
úběi Shěng

安徽省
Ānhuī Shěng

南京
Nánjīng

上海市
Shànghǎi Shì

武汉
Wǔhàn

杭州
Hángzhōu

长沙
Chángshā

南昌
Nánchāng

浙江省
Zhèjiāng Shěng

东海

南省
Shěng

江西省
Jiāngxī Shěng

福州
Fúzhōu

台北
Táiběi

福建省
Fújiàn Shěng

广东省
Guǎngdōng Shěng

厦门
Xiàmén

台湾
Táiwān

广州
Guǎngzhōu

深圳
Shēnzhèn

澳门
Àomén

香港
Xiānggǎng

南海

★	首都
●	省都
□	有名都市
⊔⊔	万里の長城

新訂二版・初習者のための
中国語入門
―初級文法と会話―

陶山　信男
陶山　宗幸　著

駿河台出版社

音声について

本書の音声は、下記サイトより無料でダウンロード、
およびストリーミングでお聴きいただけます。

https://stream.e-surugadai.com/books/isbn978-4-411-03153-2/

＊ご注意
・PCからでも、iPhoneやAndroidのスマートフォンからでも音声を再生いただけます。
・音声は何度でもダウンロード・再生いただくことができます。
・当音声ファイルのデータにかかる著作権・その他の権利は駿河台出版社に帰属します。
　無断での複製・公衆送信・転載は禁止されています。

表紙デザイン　小熊　未央

ま　え　が　き

　本書は主として大学1年の外国語選択用教材として編まれた1年間で使用する中国語教科書です。

　外国語学習の理念については，多くの説明を要するでしょうが，ただひとつ逆説的に言えば「ことばの移し換え」の技術を学ぶためのものでないことだけははっきりしています。つまり単純な会話習得という実利追求のための学習が，外国語教育の主要テーマではないということです。とくに外国語選択の対象になる未修外国語において，1週1コマや2コマの学習時間では音声中心の直接法の授業が果たしてどれほどの効果が得られようか，という問題があります。

　しかしながら，外国語学習の第一義的な手段が音声を主要とするのであるだけに，理論面に偏重する学習方法も当然のことながら無味乾燥なものであると言わざるを得ません。ここに音声，理論両面の教学上の兼ね合いのむずかしさがあるのです。

　さて本書は，従来の圧倒的多数を占める会話教科書，すなわち本文が会話形式を保ち，そしてそれが一つのまとまった文脈を形成する自然言語としての教科書とは内容を異にします。つまりいわゆる会話書は，一つの脈絡を維持し得るという点で，表現上あるいは活き活きしていると言えましょう。しかしながら結果として，その編集は，ほとんど文型とか構文といった枠組みに系統的な考慮が払われ得ないため，文法事項に対する学習者の体系的理解が容易でないという弱点をもっていることも事実です。

　しかしまた一方，本書のような文型，構文を標榜するものは，本文に，一貫した文構成上の脈絡がないため，形式に流れるという欠点もあるものの，中国語における各課の体系と全体の理論的把握を容易にするという特徴もあるのです。とくに大学入学時までの学生の外国語（英語）教育の主要手段が理論の獲得にも在るため，日本語を母語とする学生にとって，漢字・漢語を言語手段とする中国語を理論的に対照化させ理解するのに有利でありましょう。

　本書編集構成の特徴として，各課本文の例文は，主として問答形式の会話文であり，内容の比較的易しいものが多い。これは中国語の基本文型の習熟をねらいとするためですが，このほか同一文型のおよそ4，5課分の後に，それまでの既習文型を応用した一般会話文の課を設けました。

　また文型を主眼に置いた本文の構成に見られがちな語彙の不足は，「関連語句」と「文法」の説明に用いられる新出単語等で補うことができると思います。

　最後に，本書の上梓に当たっては，種々適切な御指示と御配慮を下さった株式会社駿河台出版社社長井田洋二氏並びに編集部・猪腰くるみ氏に対し深謝の意を表する次第です。

　2010年2月

著　者

目　　次

記号・略号表

名 名詞		接 接続詞・連詞	
動 動詞		語助 語気助詞・口調助詞	
助動 助動詞・能願動詞		時助 時態助詞	
形 形容詞		構助 構造助詞	
数 数詞		接頭 接頭辞	
量 量詞・助数詞		接尾 接尾詞	
代 台詞・代名詞・指示代名詞		投 間投詞・感嘆詞	
副 副詞		固 固有名詞	
介 介詞・前置詞		成 成語	
慣 熟語・慣用句		略 略語	
連 連語		謙 謙譲語	

中国語の発音

１．音節およびその構造

　中国語において，一つの漢字が表わすのは一つの音節であり，一つの音節は，通常一つの形態素（音声・意味の最小の結合体）をなす。この意味で中国語は単音節言語と言い得る。

　中国語の音節は声母と韻母から成る。音節のはじめの子音が声母で，残りの部分が韻母である。例えば ma について言えば，m が声母で a が韻母である。

　中国語の音節では，母音は欠くことのできない要素である。韻母は一つの母音だけで構成されるものもあり(ba)，二重母音(dai, fei)，三重母音(miao, shuai)等の重母音や，鼻音をともなう母音(hen, ming)で構成されるものもある。もちろん韻母だけで一音節を成すものもある(a, ai, en)。

　また音節には一定の声調がかぶさっており，これではじめて形態素として成立する。

２．表音字母名称表

A a	B b	C c	D d	E e	F f	G g	H h
a アー	bê ペー	cê ツェ	dê テー	e ヲー	êf エフ	gê ケー	ha ハー
a	pɛ	ts'ɛ	tɛ	ɤ	ɛf	kɛ	xa
I i	J i	K k	L l	M m	N n	O o	P p
yi イー	jie チィエ	kê けー	êl エル	êm エム	nê ネー	o オー	pê ペー
i	tɕie	k'ɛ	ɛl	ɛm	nɛ	o	p'ɛ
Q q	R r	S s	T t	U u	V v	W w	X x
qiu ちゥ	ar アル	ês エス	tê てー	wu ウー	vê ヴェ	wa ワー	xi シー
tɕiou	ar	ɛs	t'ɛ	u	vɛ	wa	ɕ
Y y	Z z						
ya ヤー	zê ツェ						
ja	tsɛ						

（注）　①　片かなは無気音，平がなは息を激しく出す音，すなわち有気音を示す。

　　　　②　Ｖは外来語・少数民族語・方言以外使用しない。

3．韻　母

韻母は次表のとおり36個ある。

1-4

韻頭	韻　　　　　　母												
	ゼ ロ 韻 尾				母 音 韻 尾				鼻 音 韻 尾				巻舌韻尾
ゼロ		a[A]	O[o]	e [ə·ɤ]	ai [aɪ]	ei [eɪ]	ao [ɑ ʊ]	ou [əu]	an [an]	en [en]	ang [ɑŋ]	eng [ɤŋ·ʌŋ]	ong [uŋ·oŋ]	er [ər]
i	i[i] (yi)	ia[ia] (ya)		ie[ie] (ye)			iao [iʌo] (yao)	iou [iou] (you)	ian [iɛn] (yan)	in [in] (yin)	iang [iʌŋ] (yang)	ing [ɪ ŋ] (ying)	iong [yuŋ] (yong)	
u	u[u] (wu)	ua[ʊ ɑ] (wa)	uo [uo] (wo)		uai [ʊʌI] (wai)	uei [ʊeI] (wei)			uan [ʊan] (wan)	uen [ʊen] (wen)	uang [uaŋ] (wang)	ueng [ʊɤŋ] (weng)	
ü	ü[y] (yu)			üe [ye] (yue)					üan [yan· yɛn] (yuan)	ün [yn] (yun)			

（注）
① 韻母の数
　　○単母音：a, o, e, i, u, ü（6個）
　　○重母音：ai, ei, ao, ou, ia, ie, iao, iou, ua, uo, uai, uei, üe（13個）
　　○鼻音をともなう母音：（上表「鼻音韻尾」16個）
　　○ル化母音：er（1個）
② i, u, ü のそれぞれが一音節をなす場合，yi, wu, yu とつづる。またこれらの母音が音節の頭に来る場合には，それぞれ y-, w-, yu-とする。
③ e の音価：e[ə·ɤ]，eng[ɤ·ʌŋ]，ei(uei)·en(uen)·ie·üe[e]，er[ə]
④ ～n と～ng の区別
⑤ ian と iang の区別
⑥ iou, uei, uen などの韻母は，前に声母がきて一音節となるときは，なかの母音 o，e を省いてつづる。ただし、発音の際に軽く活かされる。

４．声　母

声母は次表のとおり21個ある。（ｗとｙは数えない）

5

発　音　場　所	無気音	有気音	鼻　音	摩擦音	半母音
両唇音及び唇歯音	b〔p〕	p〔p‘〕	m〔m〕	f〔f〕	(w〔w〕)
歯　茎　音	d〔t〕	t〔t‘〕	n〔n〕	l〔l〕	
軟　口　蓋　音	g〔k〕	k〔k‘〕	(ng)	h〔x〕	
歯茎硬口蓋音	j〔tɕ〕	q〔tɕ‘〕		x〔ɕ〕	(y〔j〕)
巻　舌　音	zh〔tʂ〕	ch〔tʂ‘〕		sh〔ʂ〕	r〔ʐ〕
歯　音	z〔ts〕	c〔ts‘〕		s〔s〕	

〔まとめ〕

6

ba	bo	bi	bu
pa	po	pi	pu
ma	mo　(me)	mi	mu
fa	fo		fu
da		de　di	du
ta		te　ti	tu
na		ne　ni	nu ↔ nü
la		le　li	lu ↔ lü
ga		ge	gu
ka		ke	ku
ha		he	hu
		ji	jü → ju
		qi	qü → qu
		xi	xü → xu
za	ze	zi	zu
ca	ce	ci	cu
sa	se	si	su
zha	zhe	zhi	zhu
cha	che	chi	chu
sha	she	shi	shu
		ri	ru

[i]〔ɿ〕　〔ʅ〕

ｉの音価三者三様

（注）

① 巻舌音 zh, ch, sh, r の後につく i は，単独の i の音価と異なり，ここでは発音しないかわりに，それら声母の摩擦要素が有声のまま引き伸ばされた弱い音[ʅ]を示す記号にすぎない。歯音 z, c, s につく i についても同様（[ɿ]）。

② 歯茎硬口蓋音 j, q, x には i か ü の二つの母音しかつづかないが，ü については上の ¨ を省いて，ju, qu, xu とつづる。

③ 歯茎音 n と l につく ü の ¨ は省けない。なぜなら別に nu, lu の音節があるから。

5．注意すべき発音の練習

(1) 無気音と有気音

7

b-p

ba	bi	bo
pa	pi	po

d-t

dai	dao	dou
tai	tao	tou

g-k

ge	gu	gai
ke	ku	kai

j-q

ji	ju	jia
qi	qu	qia

zh-ch

zhi	zhe	zhou
chi	che	chou

z-c

zi	za	zu
ci	ca	cu

(2) まぎれやすい子音

8

j-zh

ji	jia	jiao
zhi	zha	zhao

q-ch

qi	qia	qiao
chi	cha	chao

x-sh

xi	xia	xiao
shi	sha	shao

l-r

li	le	lou
ri	re	rou

f-h

fa	fu	fei
ha	hu	hei

d-zh

da	di	du
zha	zhi	zhu

— 11 —

(3) まぎれやすい母音

i-ü   i-u   🔊 9

yi	li	xi
yu	lü	xu

zi	ci	si
zu	cu	su

u-e-uo-ou   ou-ao   🔊 10

gu - ge - guo - gou   kou - kao

zu - ze - zuo - zou   chou - chao - qiao

zhu - zhe - zhuo - zhou   shou - shao - xiao

n-ng   🔊 11

an	ban	pan
ang	bang	pang
en	gen	ken
eng	geng	keng
in (yin)	jin	qin
ing (ying)	jing	qing
uan (wan)	zhuan	chuan
uang (wang)	zhuang	chuang
uen (wen)	zun	cun
ueng (weng)		
-ong	zong	cong
ün (yun)	jun	xun
iong (yong)	jiong	xiong

6．儿化韻尾

今日の中国語では，韻尾（音節末尾）が巻舌音化された単語が多い。その場合，ローマ字つづりでは r を用いて表わすが，この r 化韻は 1 個の独立した音節ではなく，もとの語の韻母を巻舌化させたり，巻舌化によってもとの語の韻母を変化させたりするものである。音声上の変化は次のとおりである。

(1)　-ai, -ei, -an, -en, -in は韻尾が脱落して-r がつく。　🔊 12

盖（gài）	→	盖儿（gàr）
味（wèi）	→	味儿（wèr）
玩（wán）	→	玩儿（wár）
根（gēn）	→	根儿（gēr）
信（xìn）	→	信儿（xìr）

(2)　-a, -o, -e, -u には直接-r がつく。　🔊 13

花（huā）	→	花儿（huār）
球（qiú）	→	球儿（qiúr）
包（bāo）	→	包儿（bāor）
碟（diē）	→	碟儿（diēr）

(3)　-ng は-ngr となるが，直前の母音が鼻音化される。　🔊 14

唱（chàng）	唱儿（chàr）
电影（diànyǐng）	电影儿（diànyǐr）

7．声　調

　どの言語にも，普通イントネーションと呼ばれる，文全体における音声の抑揚変化がある。中国語ではイントネーションのほかに音節ごとに音声の抑揚，すなわち高低の変化があり，この高低アクセントを"声調 shēngdiào"という。

　日本語も高低アクセント言語であるが，日本語の場合は「ネコ，ウシ，ココロ」のように一語を構成する複数の音節間の相対的な高低であって，例えばピアノのキーを叩くときに発せられる段階的な高低変化である。これに対して中国語の場合は，一つの音節内での絶対的な高低であって，弦楽器の弦を指で押さえて音を出すときのような滑らかな漸進的高低変化である。このように中国語の声調は，声母や韻母と同様に語や音節に欠くことのできない要素である。中国語の共通語には，四つの型の基本的声調があり，これらを四声(第一声，第二声，第三声，第四声)と呼ぶ。

(1)　四声

第1声	高平調	□	高く平らな調子（5－5）	mā（妈）
第2声	高昇調	◺	尻上がりに急上昇する調子（3－5）	má（麻）
第3声	低凹調	◹	低く平らな調子（2－1－4）	mǎ（马）
		□　□	（2－1） （1－1）	
第4声	高降調	◿	一気に急降下する調子（5－1）	mà（骂）

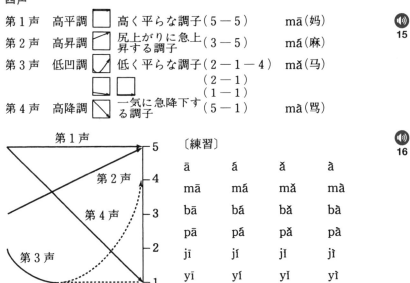

〔練習〕

ā	á	ǎ	à
mā	má	mǎ	mà
bā	bá	bǎ	bà
pā	pá	pǎ	pà
jī	jí	jǐ	jì
yī	yí	yǐ	yì

⑵　**軽声**

　　ある音節が本来の声調を失って，軽く短く発音されるもの。軽声の音節
　には声調符号をつけない。

　　1 ）接尾辞

　　　　椅子　yǐzi　　　　　我们　wǒmen　　　家里　jiāli

　　2 ）複音節語

　　　　朋友　péngyou　　　东西　dōngxi　　　干净　gānjing

　　　　买卖　mǎimai　　　厉害　lìhai　　　　葡萄　pútao

　　3 ）方向動詞

　　　　出去　chūqu　　　　回来　huílai　　　坐下　zuòxia

　　4 ）重畳した名詞及び動詞

　　　　妈妈　māma　　　　哥哥　gēge　　　　姐姐　jiějie

　　　　看看　kànkan　　　谈谈　tántan　　　说说　shuōshuo

　　5 ）助詞

　　　　来了　láile　　　　看着　kànzhe　　　去过　qùguo

　　　　他的　tāde　　　　热的　rède　　　　真地　zhēnde

　　　　是吗？shìma?　　　走吧！zǒuba!　　　好啊！hǎoa!

　　6 ）反復疑問形の否定部分

　　　　来不来？láibulai?　　　是不是？shìbushi?

　　　　有没有？yǒumeiyou?

8．四声の変化

　　ある音節の声調は，前または後の声調の影響を受けて次のように変化する。

(1)　第3声　＋　第3声　→　第2声　＋　第3声　🔊23

　　　　　很好　hěn hǎo　　→　hén hǎo

　　　　　老马　lǎo mǎ　　→　láo mǎ

(2)　第3声　＋　第3声　＋　第3声　→　第2声　＋　第2声　＋　第3声　🔊24

　　　　　　　　　　　　or　→　第3声　＋　第2声　＋　第3声

　　　　　我很好。wǒ hěn hǎo

　　　　　　　　→　wó hén hǎo

　　　　　　　　→　wǒ hén hǎo

　　ただし、連語は自ら区別される。

　　　　　洗脸水　xǐ liǎn shuǐ　　→　xí liǎn shuǐ

　　　　　买水果　mǎi shuǐguǒ　　→　mǎi shuíguǒ

(3)　第3声　＋　第3声以外の声調（第1・2・4声及び軽声）　🔊25

　　　　　→　半三声($\frac{1}{2}$3声)　＋　第1・2・4声及び軽声

　　　1）第3声　＋　第1声：火车 huǒchē, 剪刀 jiǎndāo

　　　2）第3声　＋　第2声：检查 jiǎnchá, 美国 Měiguó

　　　3）第3声　＋　第4声：改正 gǎizhèng, 早饭 zǎofàn

　　　4）第3声　＋　軽　声：椅子 yǐzi, 姐姐 jiějie

(4)　重畳した形容詞の第2音節は，いつも第1声になる。　🔊26

　　　慢慢儿（地）：mànmànr(de) → mànmānr(de)

　　　好好儿（地）：hǎohǎor(de) → hǎohāor(de)

(5)　"不(bù)"，"一(yī)"は次のような特殊な変調をする。　🔊27

　　　"不" bù　＋　第4声　→　"不" bú　＋　第4声

　　　　　　不是 bù shì　→　bú shì

　　　"一" yī　＋　第4声　→　"一" yí　＋　第4声

　　　　　　一个 yī ge͠　→　yí ge͠

　　　　　　一万 yī wàn→　yí wàn

　　　"一" yī　＋　第1・2・3声　→　"一" yì　＋　第1・2・3声

　　　　　　一千　　yī qiān　→　yì qiān

　　　　　　一回　　yī huí　→　yì huí

　　　　　　一点　　yī diǎn　→　yì diǎn

　　ただし"一"については，序数の場合一般に第1声に読む。

　　　第一课　dì yī kè

　　　一月　　yī yuè

(6)　第3声のあとに，元来第3声だが，習慣的に軽声に用いられるものがつ
　　づく場合，はじめの第3声が第2声に発音される場合と，第3声(半三声)
　　に発音される場合とがある。

　　　　　　老鼠　lǎoshǔ　　　→　　láoshu
　　　　　　可以　kěyǐ　　　　→　　kéyi
　　　　　　姐姐　jiějiě　　　　→　　jiějie
　　　　　　椅子　yǐzǐ　　　　→　　yǐzi

<table>
<tr><th colspan="2">書き間違いやすい漢字</th></tr>
</table>

日　本	中　国	日　本	中　国	日　本	中　国
鼻	鼻(鼻)	単	单(單)	決	决(決)
比	比(比)	底	底(底)	亮	亮(亮)
辺	边(邊)	対	对(對)	舎	舍(舍)
変	变(變)	敢	敢(敢)	寿	寿(壽)
別	别(別)	骨	骨(骨)	団	团(團)
歩	步(步)	画	画(畫)	象	象(象)
才	才(纔)	角	角(角)	圧	压(壓)
称	称(稱)	今	今(今)	与	与(與)
処	处(處)	挙	举(舉)	着	着(着)

29

1. 这　是　什么?
　　Zhè　shì　shénme?

　　这　是　课本。
　　Zhè　shì　kèběn.

2. 这　是　画报　吗?
　　Zhè　shì　huàbào　ma?

　　这　不　是　画报，是　杂志。
　　Zhè　bú　shì　huàbào,　shì　zázhì.

3. 那　也　是　杂志　吗?
　　Nà　yě　shì　zázhì　ma?

　　不，那　是　书。
　　Bù,　nà　shì　shū.

4. 这　些　都　是　铅笔　吗?
　　Zhè　xiē　dōu　shì　qiānbǐ　ma?

　　那　些　不　都　是　铅笔。
　　Nà　xiē　bù　dōu　shì　qiānbǐ.

5. 那　是　地图　不　是?
　　Nà　shì　dìtú　bú　shi?

　　不　是，是　报纸。
　　Bú　shì,　shì　bàozhǐ.

◇新出単語◇ ───────────

这 zhè 代 これ，この

是 shì 動 …だ，…である

什么 shénme 代 何，どんな

课本 kèběn 名 教科書，テキスト

画报 huàbào 名 画報，グラフ誌

吗 ma 語助 （文末に用いて疑問を表す）
　　…か

不 bù 副 …（し）ない，いいえ

杂志 zázhì 名 雑誌

那 nà 代 あれ，それ，あの，その

也 yě 副 …も，…もまた

书 shū 名 本

些 xiē 量 少し，不特定の量を表わす

都 dōu 副 みんな，すべて

铅笔 qiānbǐ 名 鉛筆

地图 dìtú 名 地図

报纸 bàozhǐ 名 新聞，新聞紙

【文型：名詞述語文(1)】

　主語に対して，名詞または名詞語句をもって判断もしくは説明を加える文を言う。

〔文法〕

① "是"は「判断詞」とか「繋詞」とかいう特殊な動詞で，主題に対してある判断をくだすときに用いる連結の語である。

　　　　　〔名詞・代名詞──"是"──名詞・名詞相当語句〕

② 平叙文：A 是 B。　　A 不是 B。

　疑問文：1）疑問詞"什么"などを含む文（特指疑問）

　　　　　2）文末助詞"吗"を用いる文（諾否疑問）

　　　　　3）A 是 B 不是？　　A 是不是 B？（反復疑問）

③ 否定副詞"不"

　"不"＋動詞・形容詞　　　　参照 第7課〔文法〕②

④ 部分否定

　　　　〔不都是……〕（"不"＋副詞＋動詞・形容詞）

　比較 〔都不是……〕

⑤ 指示代詞

	近称(これ)	中・遠称〔それ あれ〕	疑問(どれ)
単　数	zhège 这・这个	nàge 那・那个	nǎge 哪个
複　数	zhèxiē 这・这些	nàxiē 那・那些	nǎxiē 哪些

⑥ 副詞"都""也"の位置

　　　1）这也是书。　　　3）那些也都是铅笔。

　　　2）那些都是画报。

── ◇関連語句◇ ──────────

钢笔 gāngbǐ

圆珠笔 yuánzhūbǐ

自动铅笔
　zìdòngqiānbǐ

粉笔 fěnbǐ

橡皮 xiàngpí

参考书 cānkǎoshū

本子 běnzi

桌子 zhuōzi

椅子 yǐzi

板擦儿 bǎncār

相片 xiàngpiàn

熊猫 xióngmāo

树熊 shùxióng

名詞述語文 (1)

1 2 3 4 5 6

【練習1】 次のローマ字を漢字(中国語)になおし訳しなさい。

1．Nà shì shénme?

_____

2．Nà shì běnzi.

_____

3．Zhè yě shì běnzi ma?

_____

4．Bú shì běnzi, shì kèběn.

_____

5．Zhè xiē dōu shì dìtú, bú shì bào(zhǐ).

_____

【練習2】 次の文を訳しなさい。

1．それは教科書ですか。はい，教科書です。

_____

2．いいえ，これは教科書ではありません，雑誌です。

_____

3．それらもみな画報ですか。

_____

4．これは万年筆ではありませんか。

_____

5．これは本ではない。それも本ではない。

_____

第2课 这个是你的吗?
Dì èr kè Zhèi ge shì nǐ de ma?

31

1. 这 个 是 什么？
   Zhèi ge shì shénme?

   那 个 是 黑板。
   Nèi ge shì hēibǎn.

2. 这 是 什么 书 啊？
   Zhè shì shénme shū a?

   是 中文 书。
   Shì Zhōngwén shū.

3. 那 是 谁 的 铅笔？
   Nà shì shuí de qiānbǐ?

   是 他 的。
   Shì tā de.

4. 这 本 小说 是 你 的 吗？
   Zhè běn xiǎoshuō shì nǐ de ma?

   不 (是)， 那 不 是 我 的。
   Bú (shì)， nà bú shì wǒ de.

5. 那 是 什么 东西 呢？
   Nà shì shénme dōngxi ne?

   那 是 一 枝 中国 毛笔。
   Nà shì yì zhī Zhōngguó máobǐ.

◇新出単語◇

个 ge 量 個
黒板 hēibǎn 名 黒板
啊 a 語助 「平叙文，疑問文，命令・禁止
　文の終わりに来て，それぞれの感情を
　添える」
中文 Zhōngwén 名 中国語
谁 shuí, shéi 代 誰，どなた
的 de 構助 …の
他 tā 代 彼，あの人
本 běn 量 冊

小说 xiǎoshuō 名 小説
你 nǐ 代 あなた
我 wǒ 代 私，ぼく
东西 dōngxi 名 物，品物
呢 ne 語助 「疑問文や平叙文の文末に用
　いて疑問・確認等の語気を表わす」
一 yī 数 1，1つ
枝 zhī 量 …本（棒状のものを数える量詞）
中国 Zhōngguó 名 中国
毛笔 máobǐ 名 毛筆，筆

【文型：名詞述語文(2)】

〔文法〕

① "这" と "这个"

　　"这""那"は指示するものが単数・複数どちらでもよいが，"这个""那个"
は指示するものが単数である。　　　　　　参照 第1課〔文法〕⑤

② 限定語

　　主として名詞を修飾するものをいい，被修飾語の名詞が中心語である。名
詞，代名詞，数量詞,形容詞などがこれに当たり,必ず中心語の前におかれる。
　　　　　比較 第15課〔文法〕①「状況語」及び〔参考〕

　1）名　詞：这是中文书。

　2）代名詞：那是你的书吗？

　　　　　　　他是什么人(rén)？

　3）数量詞：那是一枝中国钢笔。

　4）形容詞：参照 第14課〔文法〕②

③ "的" の用法(1)

　　名詞，代名詞，形容詞などが限定語として所有・所属の関係を表す場合，
普通それぞれの後に構造助詞の"的"をつける。

④ 量詞（「助数詞」ともいう）

　　数詞や指示代名詞を限定語として名詞にかぶせる場合，直接の接続はあま
りなく，普通両者の間にそれぞれの名詞に適合した量詞を用いなければなら
ない。例えば，

　　　　　一本书　　三枝铅笔　　这个人　　那个东西
　　　　　参照 第4課〔文法〕②

◇関連語句◇

画儿 huàr	皮包 píbāo	英文 Yīngwén	日文 Rìwén
字典 zìdiǎn	中国话	法文 Fǎwén	韩文 Hánwén
词典 cídiǎn	Zhōngguóhuà	德文 Déwén	
手册 shǒucè	汉语 Hànyǔ	俄文 Éwén	

〔参考〕量詞のいろいろ

个	把	条	只	块	座	棵	匹	头	所	家
ge	bǎ	tiáo	zhī	kuài	zuò	kē	pī	tóu	suǒ	jiā

件	双	辆	架	册	位	杯	间	封	张	套
jiàn	shuāng	liàng	jià	cè	wèi	bēi	jiān	fēng	zhāng	tào

名詞述語文 (2)

1 2 3 4 5 6

【練習1】次の文を訳しなさい。

1．これはかれのナイフ〔小刀 xiǎodāo〕ですか。

_____

　　いいえ，わたしのです。

_____

2．あなたの辞典はどれですか。

_____

3．これらのものもみんなあなたのですか。

_____

4．そのボールペンはあなたのではありませんか。

_____

5．どれがあなたのホッチキス〔钉书机〔器〕dìngshūjī〔qì〕〕ですか。

_____

【練習2】次の数量詞を訳しなさい。

1．新聞(紙)1枚　（　　　　　　　　　　　　　　　　　　）

2．椅子1脚　　（　　　　　　　　　　　　　　　　　　）

3．ノート1冊　（　　　　　　　　　　　　　　　　　　）

4．万年筆1本　（　　　　　　　　　　　　　　　　　　）

5．消しゴム1ヶ（　　　　　　　　　　　　　　　　　　）

6．机1卓　　　（　　　　　　　　　　　　　　　　　　）

第3课　你是谁啊？
Dì sān kè　Nǐ shì shuí a?

名詞述語文 (3)

🔊
33

1. 你 是 谁 啊？
   Nǐ shì shuí a?

   我 是 刘 大海。
   Wǒ shì Liú Dàhǎi.

2. 你 是 做 什么 的？
   Nǐ shì zuò shénme de?

   我 是 北京 大学 的 学生。
   Wǒ shì Běijīng dàxué de xuésheng.

3. 他们 是 哪 个 学校 的 学生？
   Tāmen shì nǎ ge xuéxiào de xuésheng?

   他们 也 是 我们 学校 的 学生。
   Tāmen yě shì wǒmen xuéxiào de xuésheng.

4. 他们 都 是 谁 呀？
   Tāmen dōu shì shuí ya?

   他们 是 我 父母。
   Tāmen shì wǒ fùmǔ.

5. 这 是 几 本 画报？
   Zhè shì jǐ běn huàbào?

   这 是 两 本 画报。
   Zhè shì liǎng běn huàbào.

名詞述語文 (3)

呀 ya 語助「平叙文，疑問文，命令・禁　　们 men 接尾「人称代名詞や人を表わす
　止文の終わりに来て，それぞれの感情　　　名詞に付き，複数であることを示す」
　を添える」　　　　　　　　　　　　　哪 nǎ 代 どれ，どの
刘大海 Liú Dàhǎi 固 劉大海（人名）　学校 xuéxiào 名 学校
做 zuò 動 する，作る　　　　　　　　　父母 fùmǔ 名 父母
北京大学 Běijīng dàxué 固 北京大学　　几 jǐ 代 いくつ，いくら
学生 xuésheng 名 学生　　　　　　　　两 liǎng 数 2 cf.「二」èr との比較

【文型：名詞述語文(3)】

〔文法〕

① "的"の用法(2)——必要とする場合としない場合。

　　中心語が親族，団体，機関などを表わす場合，限定語としての人称代名詞
　の後に"的"をつけなくてよい。例えば，

　　　他是我爸爸(bàba)。这是我们大学。

　　また名詞が限定語として中心語の名詞を修飾する場合，その結びつきが意
　味上・習慣上緊密である場合"的"をつけなくてよい。例えば，

　　　中国人。　中国毛笔。　中文报(bào)。

② "二"と"两"

　　いずれも"2"を指すが，量詞の前での"2"は，普通"两"を用いて序
　数に用いる"二"と区別する。例えば，

　　　两张纸(zhǐ)。　两把椅子。　两个人。

③ "〜们"

　　人を指す名詞や人称代名詞のみにつけて複数を表わす。

　　英語のように数の呼応一致関係はないので，名詞が複数であることが文脈
　からはっきりしていれば，とくに"们"をつけることはしない。例えば，

　　　他们是中国人。　といっても，

　　　他们是中国人们。とはいわない。

④　疑問数詞"几"　　参照　第4課〔文法〕②

参照　本文2. における"做什么"は動詞句で，第7課参照。

她 tā	律师 lùshī	妹妹 mèimei	天津 Tiānjīn
它 tā	医生 yīshēng	姐姐 jiějie	美国 Měiguó
咱们 zánmen	农民 nóngmín	弟弟 dìdi	法国 Fǎguó
教员 jiàoyuán	朋友 péngyou	爷爷 yéye	德国 Déguó
先生 xiānsheng	孩子 háizi	奶奶 nǎinai	俄国 Éguó
老师 lǎoshī	妈妈 māma	爱人 àiren	英国 Yīngguó
工人 gōngrén	母亲 mǔqin	小姐 xiǎojie	韩国 Hánguó
工程师	父亲 fùqin	上海 Shànghǎi	
gōngchéngshī	哥哥 gēge	南京 Nánjīng	

名詞述語文 (3)

1
2
3
4
5
6

【練習1】次のローマ字文を読んで訳しなさい。（下線の語は新語。辞書で調べること。以下同様。）

1．Tā shì wǒ chējiān li de tóngshì.

_____

2．Zhāng lǎoshī shì wǒ de línjū.

_____

3．Zhè wèi xiānsheng shì shuí？

_____

4．Tā àiren shì dàxué jiàoshī.

_____

【練習2】次の文を訳しなさい。

1．きみたちはみんな学生ですか。

_____

2．みんな（というわけ）ではありません。わたしは学生ですが，彼は大学の職員〔职员 zhíyuán〕です。

_____

3．今日はなんの祝祭日〔节日 jiérì〕ですか。

_____

4．その2卓のテーブルもあなたのですか。

_____

5．いいえ，わたしのではなく，わたしの友人のです。

_____

第4课　今天 几 月 几 号?
Dì sì kè　Jīntiān jǐ yuè jǐ hào?

🔊
35

1. 今年 二 〇 一 几 年?
   Jīnnián èr líng yī jǐ nián?

   二 〇 一 三 年。
   Èr líng yī sān nián.

2. 今天 几 月 几 号?
   Jīntiān jǐ yuè jǐ hào?

   今天 六 月 一 号, 是 (国际) 儿童节。
   Jīntiān liù yuè yī hào, shì (Guójì) Értóngjié.

3. 今天 星期 几?
   Jīntiān xīngqī jǐ?

   星期 三。
   Xīngqī sān.

4. 明天 星期 五 吗?
   Míngtiān xīngqī wǔ ma?

   不 是 星期 五, 是 星期 四。
   Bú shì xīngqī wǔ, shì xīngqī sì.

5. 你 家里 的 电话 多少 号?
   Nǐ jiāli de diànhuà duōshao hào?

   三 五 六 七, 四 三 二 一。
   Sān wǔ liù qī, sì sān èr yāo.

年 nián 名 年　　　　　　　　　　　　多少 duōshao 代 （数量を問う）いくら，
今年 jīnnián 名 今年　　　　　　　　　　　　どれほど
今天 jīntiān 名 きょう　　　　　　　　　二 èr 数 2
月 yuè 名 月　　　　　　　　　　　　三 sān 数 3
号 hào 名 日　　　　　　　　　　　　四 sì 数 4
（国际）儿童节 (Guójì) Értóngjié 名 子　　五 wǔ 数 5
　供の日（6月1日）　　　　　　　　六 liù 数 6
星期 xīngqī 名 曜日，週　　　　　　　七 qī 数 7
家里 jiāli 名 家庭，家　　　　　　　　八 bā 数 8
电话 diànhuà 名 電話　　　　　　　　　九 jiǔ 数 9

【文型：名詞述語文(4)】

〔文法〕

① "是"をもたない文(1)

　述語に年・月・日・曜日・番号等を示す数詞を含むときは，話しことばでは，しばしば"是"が省かれる。ただし否定のときは，"是"は省けず，どうしても"不是"といわなければならない。

② "几"と"多少"

　"几""多少"とも疑問の数詞であるが"几"が使われる範囲は，多く1から10までの数であり，"多少"にはこのような制限はない。例えば，

　　这是几本书？

　　那是多少（本）画报？

　また"几"については，疑問数詞のほか，不定数詞の用法もある。この場合も大体10以下の数を表わし，「少数の」「いくつかの」「2，3の」「5，6の」等の意味をもつ。例えば，

　　他今年三十几岁（suì）。

③ 曜日のいいかた

　　星期一，星期二……星期六，星期天〔日 rì〕

　（注）"星期"は"礼拜 lǐbài"ともいう。

◇関連語句◇

	過　去			現　在	未　来		
天	大前 dàqián	前 qián	昨 zuó	今	明 míng	后 hòu	大后 dàhòu
月		上上（个） shàngshàng (ge)	上（个） shàng (ge)	这（个）・本	下（个） xià (ge)	下下（个） xiàxià (ge)	
年	大前	前	去 qù	今	明	后	大后
星期		上上（个）	上（个）	这（个）・本	下（个）	下下（个）	

一	yī	六	liù	十一	shíyī	二十一	èrshiyī	三十一	sānshiyī
二	èr	七	qī	十二	shíèr	⋮	⋮	⋮	⋮
三	sān	八	bā	⋮	⋮	二十五	èrshiwǔ	三十五	sānshiwǔ
四	sì	九	jiǔ	十九	shíjiǔ	⋮	⋮	⋮	⋮
五	wǔ	十	shí	二十	èrshí	三十	sānshí	四十	sìshí

四十一	sìshiyī	五十	wǔshí	八十	bāshí	九十四	jiǔshisì
⋮	⋮	⋮	⋮	⋮	⋮	⋮	⋮
⋮	⋮	⋮	⋮	⋮	⋮	⋮	⋮
四十五	sìshiwǔ	六十	liùshí	九十	jiǔshí	⋮	⋮
⋮	⋮	⋮	⋮	⋮	⋮	九十八	jiǔshibā
⋮	⋮	⋮	⋮	⋮	⋮	九十九	jiǔshijiǔ
四十九	sìshijiǔ	七十	qīshí	九十三	jiǔshisān	一百	yìbǎi

(注)　100は"一百"のように必ず"一"を頭に付けて言う。

　　　　数詞(2)　100以上の数

一百零一	yì bǎi líng yī	两千	liǎng qiān
一百一（十）	yì bǎi yī (shí)	两千零二十	liǎng qiān líng èr shí
一百一十一	yì bǎi yī shi yī	两千二（百）	liǎng qiān èr (bǎi)
一百二（十）	yì bǎi èr (shí)	一万	yí wàn
二百	èr bǎi	十万	shí wàn
二百零二	èr bǎi líng èr	一百万	yì bǎi wàn
二百二（十）	èr bǎi èr (shí)	一千万	yì qiān wàn
三百	sān bǎi	两千万	liǎng qiān wàn
四百	sì bǎi	一亿	yí yì
一千	yì qiān	十亿	shí yì

名詞述語文　(4)

（注）
① 1000も100と同様，“千”の頭に“一”をつけて言う。
② “十”はふたけた以上の数の中では，“一十”と読む。例えば，110は，“一百一十”，213は“二百一十三”のように読む。
③ みけた以上の数で，頭から数えて3つ目以下の数がゼロのときは，ゼロの前の位取りは省略してよい。例えば，150，1500，15000は，“一百五”，“一千五”，“一万五”のように読むことができる。
④ ふたけた以上の数にゼロがある場合，もしそれが十のくらいにあるときは，必ずゼロを読まなければならないが，その他のくらいにあるときは，読んでも読まなくてもよい。例えば，105，60,307はそれぞれ“一百零五”，“六万（零）三百零七”のように読む。なお40,028のように，ゼロが続いているときは，“四万零二十八”のように，“零”を1回言うだけでよい。
⑤ 電話，部屋，車体等の番号は，ひとつひとつつぶし読みをする。例えば，3351-2468は“三三五一，二四六八”，3005は“三零零五”のように読む。ただし，“一”については発音の混同を避けるため，とくに“yāo”と読むことが多い。

【練習1】 次の数字を読んで漢字になおしなさい。

5 （　　　）	9 （　　　）	11 （　　　）	13 （　　　）	18 （　　　）
20 （　　　）	24 （　　　）	32 （　　　）	36 （　　　）	47 （　　　）
50 （　　　）	59 （　　　）	68 （　　　）	72 （　　　）	75 （　　　）
86 （　　　）	88 （　　　）	95 （　　　）	99 （　　　）	100 （　　　）

【練習2】 次の各文に対して，各自答えなさい。

1．今天几月几号？

　　_____

2．明天是几号？

　　_____

3．今天星期几？

　　_____

4．昨天呢？

　　_____

5．明天呢？

　　_____

6．上星期三是几号？

　　_____

7．下星期一呢？

　　_____

8．这个月〔本月〕二十五号是星期几？

　　_____

9．今年五月一号不是星期天吗？

　　_____

10．你的生日〔shēngrì 誕生日〕几月几号？

　　_____

第5课　现在 几 点 钟?
Dì wǔ kè　Xiànzài　jǐ　diǎn　zhōng?

1. 现在 几 点 钟?
Xiànzài jǐ diǎn zhōng?

五 点 一 刻。
Wǔ diǎn yí kè.

三 点 零 五 分。
Sān diǎn líng wǔ fēn.

两 点 过 三 分。
Liǎng diǎn guò sān fēn.

差 一 刻 十一 点。
Chà yí kè shíyī diǎn.

2. 他 哪儿 (的) 人?
Tā nǎr (de) rén?

他 北京 人。
Tā Běijīng rén.

他 上海 人，不 是 河北 人。
Tā Shànghǎi rén, bú shì Héběi rén.

3. 他 今年 〔有〕 多 大 岁数儿?
Tā jīnnián 〔yǒu〕 duō dà suìshur?

他 今年 大概 二十 多 岁 了 吧。
Tā jīnnián dàgài èrshi duō suì le ba.

4. 你 弟弟 今年 多 大 了?
Nǐ dìdi jīnnián duō dà le?

他 今年 已经 十六 岁 了。
Tā jīnnián yǐjīng shíliù suì le.

5．这 把 雨伞 多少 钱？
　　Zhè bǎ yǔsǎn duōshao qián?

　　每 把 一 元 三 角。
　　Měi bǎ yì yuán sān jiǎo.

　　一 元 三 角 一 把。
　　Yì yuán sān jiǎo yì bǎ.

6．这 些 东西 一共 多少 钱？
　　Zhè xiē dōngxi yígòng duōshao qián?

　　一共 是 二十 一 块 两 毛 二。您 这 是 二十
　　Yígòng shì èrshi yī kuài liǎng máo èr. Nín zhè shì èrshi

　　五 块， 找 您 三 块 七 毛 八。
　　wǔ kuài, zhǎo nín sān kuài qī máo bā.

◇新出単語◇

現在 xiànzài 名 今，現在
点 diǎn 量 時刻の単位，…時
钟 zhōng 名 「時間を表わす」
刻 kè 量 1時間の4分の1，15分
分 fēn 量 時刻の単位，…分。中国の貨
　幣の単位，"角"の1/10
过 guò 動 過ぎる
差 chà 動 欠ける，足りない
哪儿 nǎr 代 どこ
上海 Shànghǎi 名 上海
河北 Héběi 固 河北省
多大 duōdà 連 （疑問文中に用いて程度を
　尋ねる）どのくらい大きいか
岁数儿 suìshur 名 年，年齢
大概 dàgài 副 たぶん，おそらく
吧 ba 語助 「文末に付けて，疑問・推量・
　勧誘・命令・同意等の語気を表わす」

…了 …le 語助 「文末や節末に付けて，変
　化や新しい事態の発生を表わす」
已经 yǐjing 副 すでに，もう
雨伞 yǔsǎn 名 雨傘
钱 qián 名 貨幣，お金
每 měi 代 どれも，どの…も
元 yuán 量 中国の貨幣の単位
角 jiǎo 量 中国の貨幣の単位，"元"の
　1/10
一共 yígòng 副 全部で，あわせて
毛 máo 量 中国の貨幣の単位，"角"の
　口語
您 nín 代 （"你"の尊称）あなた，あなた
　さま
找 zhǎo 動 釣りを出す，探す，訪ねる

38

【文型：名詞述語文⑸】

〔文法〕

① "是"を持たない文⑵

　述語に時間・年令・金銭を示す数詞が含まれるとき，話しことばでは，しばしば"是"が省かれる。また「原籍」を表わす語句が述語中に用いられる場合，同様に"是"が省かれることがある。

② 概数の表わし方："～多(duō)""～来(lái)"

　ある数の後に"多"をつけて，「あまり」の意味を表わす。ただし、整数と端数とでは，"多"の置かれる場所が異なる。例えば，

　　　三十多年。　三百多个人。　三年多。　十三年多。

同様に"来"をつけて，「ほど，ぐらい，ばかり」（ある数に少し不足するか，大体その数に近い）の意味を表わすものもある。用法は"多"の場合と同じ。例えば，

　　　三十来斤(jīn)肉(ròu)。一百来个人。三斤来肉。三里(lǐ)来路(lù)。

③ 時刻の表わし方

　時刻を表わす基本的単位は，"点""刻""分"の三つの量詞である。

　1）"点"は時間を表わす。例えば，"两点钟""六点钟"

　2）"刻"は数詞"一"および"三"のあとに置かれ，15分，45分を表わす。例えば，"一点一刻""三点三刻"

　3）"分"は分を表わす。例えば，"四点十二分"

　このほか関連語に"过"と"零"がある。"过"は「何時何分過ぎ」のように，ある時間が経過したことを強調する場合に用いる。例えば，"两点过五分"。また"零"は，「何時と何分」のように，「何分」が端数（10以下）と意識したとき強調的に用いられる。例えば，"一点零三分"。

　　　また「あと何分で何時だ」とか，「何時何分まえ」という言いまわしは，中国語では"差"を用いて表わす。例えば，"差一刻十二点""两点差两分"。

④ 副詞"多"

　単音節の状態形容詞のまえに用い，程度・数量を尋ねる疑問代詞を構成する。例えば，

　　　这个箱子(xiāngzi)多重(zhòng)？

　　　这条河(hé)多长(cháng)？

　このような構文では，しばしば"多"の前に"有"を用いて，程度がどれほどに達しているか，という意味を表わす。例えば，

　　　　这条河有多深(shēn)？　那座楼(lóu)有多高(gāo)？

　比較 | 这条河没(有)多深。　（⇨这条河不很深。）

— 36 —

⑤　**お金の数え方**

　"人民币" の単位は "元，角，分" であるが，話しことばでは "块，毛，分"
を用いる。

1.25	一块二毛五(分)	2.30	两块三(毛)
15.32	十五块三毛二(分)	2.80	两块八(毛)
2.63	二元六角三分	15.02	十五元零二分
	两块六毛三(分)		十五块零二(分)
10.02	十元零二分		
	十块零二(分)	2.00	两块
0.20	两毛	0.02	二分(两分)
2.22	两块二〔两〕毛二(分)		

参照　本文 3．および 4．における "了" は動作の「完了」「変化」を表わ
　　　すが，この用法については，第 9 課〔文法〕①②参照。

┌──◇関連語句◇─────────────────────────┐

什么时候	差不多 chàbuduō	多少岁数	几岁 jǐ suì
shénme shíhou	〜上下 shàngxià	duōshǎo suìshu	
钟头 zhōngtóu	〜左右 zuǒyòu	多大年纪	
小时 xiǎoshí	〜前后 qiánhòu	duōdà niánjì	

名詞述語文 (5)

【練習1】 次の時間を中国語で言い表わしなさい。

　　　　11：00　11：02　11：15　12：25　12：30　12：57　1：10　2：28

　　　　　3：45　　3：55　　4：20　　5：32　　6：19　　7：15　8：07　9：40

【練習2】 次の文を読んで訳しなさい。（下線の語は新語。辞書で発音と意味を
　　　　　調べること。以下同様。）

　1．他是美国人还是英国人？

　　_____

　2．你们现在用的是什么课本？

　　_____

　3．他的体重是七十五公斤。

　　_____

　4．这本中文小说是畅销书。

　　_____

【練習3】 次の文を訳しなさい。

　1．彼は年がだいたい 15, 6 歳ぐらいでしょう。

　　_____

　2．21 は 3 の 7 倍〔倍 bèi〕です。

　　_____

　3．今日の気温〔气温 qìwēn〕はなん度〔度 dù〕ですか。

　　_____

　4．魯迅〔鲁迅 Lǔxùn〕は浙江〔浙江 Zhèjiāng〕の人ではありませんか。

　　_____

第6课 会话(1) 问 物品
Dì liù kè   Huìhuà   Wèn wùpǐn

甲：这 是 什么？
Jiǎ：Zhè shì shénme?

乙：是 书。
Yǐ：Shì shū.

甲：什么 书 呢？
Shénme shū ne?

乙：是 一 本 中文 课本。
Shì yì běn Zhōngwén kèběn.

甲：那 也 是 中文 课本 吗？
Nà yě shì Zhōngwén kèběn ma?

乙：不 是，那 不 是 中文 课本。
Bú shì, nà bú shì Zhōngwén kèběn.

甲：那 是 什么？
Nà shì shénme?

乙：一 部 中日 词典。
Yí bù Zhōng-Rì cídiǎn.

甲：这 些 都 是 什么 东西？
Zhè xiē dōu shì shénme dōngxi?

乙：这 些 都 是 杂志。
Zhè xiē dōu shì zázhì.

◇新出单语◇
问 wèn 動 問う，尋ねる
物品 wùpǐn 名 品物

部 bù 量（書籍・映画フィルムなどを数
　 える）冊，本
中日 Zhōng-Rì 略 中国・日本

39

40

1

2

3

4

5

6

会話

— 39 —

会话(2) 问 姓名 和 身分
Huìhuà　　Wèn xìngmíng hé shēnfen

甲：你 是 哪 国 人？
Jiǎ：Nǐ shì nǎ guó rén?

乙：我 是 日本 人。
Yǐ：Wǒ shì Rìběn rén.

甲：你 叫 什么 名字？
　　Nǐ jiào shénme míngzi?

乙：我 叫 田中 一郎。
　　Wǒ jiào Tiánzhōng Yīláng.

甲：你 是 学生 吗？
　　Nǐ shì xuésheng ma?

乙：是，我 是 （　） 大学 的 学生。
　　Shì, wǒ shì （　） dàxué de xuésheng.

甲：几 年级？
　　Jǐ niánjí?

乙：今年 一 年级。
　　Jīnnián yī niánjí.

甲：我 也 是 学生， 北京 大学 的 学生。
　　Wǒ yě shì xuésheng, Běijīng dàxué de xuésheng.

乙：哦， 是 吗？ 以后 请 多 指教。
　　Ò, shì ma? Yǐhòu qǐng duō zhǐjiào.

甲：你 太 客气 了。
　　Nǐ tài kèqi le.

乙：再见!
　　Zàijiàn!

姓名 xìngmíng 名 姓名

和 hé 接 …と

身分 shēnfen 名 身分，地位

国 guó 名 国

日本 Rìběn 名 日本

叫 jiào 動 (名前は) …という，(名前を表わして) …を…と呼ぶ

名字 míngzi 名 (人の) 名，名前

田中一郎 Tiánzhōng Yīláng 固 田中一郎

年级 niánjí 名 学年

哦 ò 投 (分かったり，気付いたりしたことを表わして) ああ

以后 yǐhòu 名 以後，今後

请 qǐng 動 (相手に何かを頼む時に用いて) どうぞ…してください

多 duō 副 (依頼の意を表わすとき婉曲あるいは強調の語気を添える) どうか…，よろしく…

指教 zhǐjiào 動 教え導く，教える

太 tài 副 はなはだ，あまりにも (…に) すぎる

客气 kèqi 形 丁寧である，遠慮深い

再见 zàijiàn 動 また会いましょう，さようなら

〔文法〕

① 繋詞 "叫"

　　この "叫" は，繋詞 "是" と同じ性質の動詞である。例えば，

　　　他名字叫大海。

　　　他叫李(Lǐ)大海。

　　〔参考〕"姓"(xìng)も "叫" と同じ用法の動詞として，「……を姓とする」「姓を……という」の意に用いられる。例えば，

　　　你姓什么？

　　　我姓刘。

　　参照 第1課〔文法〕①

② 動詞述語文 "请多指教""再见" および形容詞述語文 "你太客气了" については，それぞれ第7課および第14課以降参照。

1

2

3

4

5

6

会話

第7课 我 也 看 中文 画报。
Dì qī kè Wǒ yě kàn Zhōngwén huàbào.

43

1. 你 每天 看 中文 报 吗？
   Nǐ měitiān kàn Zhōngwén bào ma?

   看，我 也 看 中文 画报。
   Kàn, wǒ yě kàn Zhōngwén huàbào.

2. 你们 里头 谁 会 英文？
   Nǐmen lǐtou shuí huì Yīngwén?

   他 会 英文，我 只 会 中文。
   Tā huì Yīngwén, wǒ zhǐ huì Zhōngwén.

3. 张 老师 教 不 教 你们 英文？
   Zhāng lǎoshī jiāo bu jiāo nǐmen Yīngwén?

   他 不 教 我们 英文，教 我们 中文。
   Tā bù jiāo wǒmen Yīngwén, jiāo wǒmen Zhōngwén.

4. 我 送给 你 什么 好 呢？
   Wǒ sònggěi nǐ shénme hǎo ne?

   请 给 我 那 部 日中 词典 吧。
   Qǐng gěi wǒ nà bù Rì-Zhōng cídiǎn ba.

5. 你 常常 问 他 什么 呢？
   Nǐ chángcháng wèn tā shénme ne?

   我 常 问 他 汉字 的 发音。
   Wǒ cháng wèn tā hànzì de fāyīn.

毎天 měitiān 名 毎日　　　　　　　送给 sònggěi 動 …に贈る
看 kàn 動 見る　　　　　　　　　　好 hǎo 形 よい
里头 lǐtou 名 中，内　　　　　　　给 gěi 動 贈る，くれる
会 huì 動 （練習を要することが）できる　常 cháng 副 いつも，常に
只 zhǐ 副 ただ，だけ　　　　　　　常常 chángcháng 副 いつも，常に
张 Zhāng 名 チャン（姓）　　　　　汉字 hànzì 名 漢字
教 jiāo 動 教える　　　　　　　　　发音 fāyīn 名 発音

【文型：動詞述語文(1)】

　　動詞が述語となるものを動詞述語文という。

〔文法〕

①　この文の述語は，主語の指す人あるいは事物の動作・行為・変化を述べる。

　1）「何々は……どうする」という単純な動詞述語文。

　　　＊我们学习(xuéxí)。

　2）「何々は……を(に)どうする」というように，動詞の後に動作・行為のおよぶ人・物を示す客語を伴う動詞述語文。

　　　＊我们学习中文。　　　＊我吃(chī)饭(fàn)。

　3）「何々は……に……をどうする」のように，二つの客語を伴う動詞述語文。間接客語(主に人を指す)が前に，直接客語(主に事物を指す)は後におく。

　　　＊老师教我们历史(lìshǐ)。

　　しかし中国語では，どのような動詞でも二つの客語をとり得るとは限らない。むしろ数の上では比較的少ない。例えば，

　「交(jiāo)・教・送・给・告诉(gàosu)・借(jiè)・还(huán)・问」等に限られる。

②　動詞述語文の否定

　　動詞の前に否定の副詞"不"をおいて「(こんご)……しない」(未来の動作の否定)，「常に，以前から)……しない，しなかった」(習慣的動作の否定)，「……したくない，……しようとしない，……しようとしたくなかった」(意志の否定)等の意味を表わす。

　　　＊我不去(qù)。　　＊他不吃面包(miànbāo)。

③　動詞述語文の疑問文

　1）諾否式(文末に"吗"をおく)　＊他去吗?

　2）反復式(〔肯定＋否定〕)　　＊他去不去?

　参照　第1課〔文法〕②

7

8

9

10

11

12

13

動詞述語文(1)

― 43 ―

送礼物 sòng lǐwù	感兴趣 gǎn xìngqu	担心 dānxīn	打针 dǎzhēn
送他礼物	跳舞 tiàowǔ	放心 fàngxīn	睡觉 shuìjiào
sòng tā lǐwù	戴眼镜 dài yǎnjìng	放松 fàngsōng	
送给他礼物	忌烟 jì yān	着凉 zháoliáng	
sònggěi tā lǐwù	小心 xiǎoxīn	〔感冒 gǎnmào〕	

声調によって品詞を異にする単語

背	bēi	背負う	bèi	(背脊 bèijǐ)せなか (背诵 bèisòng)暗誦する
长	cháng	長い	zhǎng	(长大 zhǎngdà)育つ
担	dān	かつぐ	dàn	(担子 dànzi)かつぎ荷
钉	dìng	釘をうつ	dīng	(钉子 dīngzi)釘
好	hǎo	よい	hào	このむ
还	hái	まだ	huán	返す
教	jiāo	教える	jiào	教え
乐	lè	(快乐 kuàilè)楽しい	yuè	(音乐 yīnyuè)音楽
便	pián	(便宜 piányi)やすい	biàn	(方便 fāngbian)便利な
扇	shān	あおぐ	shàn	(扇子 shànzi)おうぎ
数	shǔ	数える	shù	(数儿 shùr)数
要	yāo	(要求 yāoqiú)要求する	yào	要する,(需要 xūyào)必要だ
中	zhōng	(中间 zhōngjiān)なか	zhòng	当たる
种	zhǒng	(种子 zhǒngzi)たね	zhòng	植える

【練習１】 次のローマ字文を読んで訳しなさい。

1．Nǐ rènshi duōshao hànzì?

_____

2．Wǒ shuō Hànyǔ, nǐ dǒng ma?

_____

3．Nǐ qù Tiānjīn háishì qù Shànghǎi ne?

_____

【練習２】 次の文を読んで訳しなさい。

1．这次你去中国旅行吗？

_____

2．这是我留给你做纪念的。

_____

3．为了提高中文水平，我们常常交流学习经验。

_____

【練習３】 次の文を訳しなさい。

1．あなたは王さんをご存じないんでしょう。

_____

2．わたしの友人は来月初め〔初 chū〕に中国へ行きます。

_____

3．あの方はわたしたちに中国語を教えてくださる先生です。

_____

第8课 你 吃了 早饭 了 吗?
Dì bā kè Nǐ chīle Zǎofàn le ma?

45

1. 你 吃了 早饭 了 吗?
Nǐ chīle zǎofàn le ma?

我 已经 吃 了, 你 呢?
Wǒ yǐjīng chī le, nǐ ne?

2. 今天 你 看了 晚报 没有?
Jīntiān nǐ kànle wǎnbào méiyou?

还 没 看 呢。
Hái méi kàn ne.

3. 昨天 星期 日 你 做 什么 了?
Zuótiān xīngqī rì nǐ zuò shénme le?

我 上 街 买了 一 本 字典 和 很 多 杂志。
Wǒ shàng jiē mǎile yì běn zìdiǎn hē hěn duō zázhì.

4. 你 买了 几 本 中文 书?
Nǐ mǎile jǐ běn Zhōngwén shū?

我 买了 两 本 中文 书 了, 还 要 买 一 本。
Wǒ mǎile liǎng běn Zhōngwén shū le, hái yào mǎi yì běn.

5. 你 在 日本 住了 多 长 时间 了?
Nǐ zài Rìběn zhùle duō cháng shíjiān le?

快 要 两 年 了。
Kuài yào liǎng nián le.

6. 上 星期 你们 学了 几 课 语法 了?
Shàng xīngqī nǐmen xuéle jǐ kè yǔfǎ le?

学了 三 课 了。
Xuéle sān kè le.

◇新出単語◇

～了 ~le 時助 「動詞や形容詞の後ろに置き，動作・行為が完了したことを表わす」	要 yào 助動 …したい，…するつもりだ
早饭 zǎofàn 名 朝食	在 zài 介 (時間や場所を表わす)…で，…に
晚报 wǎnbào 名 夕刊	住 zhù 動 住む，滞在する
没 (有) méi (you) 副 「完了・実現の否定を表わす」	时间 shíjiān 〔名〕時間，時
还 hái 副 まだ，やはり，依然として	快 kuài 副 (文末に"了"を伴って) もうすぐ，間もなく
上 shàng 動 行く，前に進む	上 shàng 名 (順序や時間が) 先の，前の
街 jiē 名 街，大通り	学 xué 動 学ぶ，習う
买 mǎi 動 買う	课 kè 動 課，レッスン
很 hěn 副 たいへん，とても	语法 yǔfǎ 名 語法，文法

【文型：動詞述語文(2)】

〔文法〕時態助詞"了₁"（語気助詞"了₂"についての詳細は次課）

中国語では，その動詞に時間的ディメンションを与える，いわゆる「時制」(tense)がなく，代わって動作，状態の叙述に時間的態様上の把握を示す，いわゆる「態」(aspect)がきわめて重要な位置を占める。動作・行為には開始・進行・持続・完了等の各段階があるので，動詞にも各種の態がある。ここでは完了態"了"を扱う。しかし同じ"了"でも，ここでのような完了を表わす用法のほか，変化(同時に完了をも表わすことがある)を表わす文末の語気助詞もあるので，説明過程で便宜上時態助詞(動詞接尾語)"了"については数字1を付し，語気助詞"了"については数字2を付して区別する。

① ある動作・行為について，すでに完了したことを強調しようとするには，動詞の後に完了態を表わす接尾詞(時態助詞)の"了₁"をつける。例えば，

我吃完(wán)了₁饭就(jiù)出去(chūqu)。
我去了₁一次(yí cì)中国。
昨天我看了₁一个电影(diànyǐng)。

② 時態助詞"了₁"を伴った動詞の後に客語があるときには，次の点に注意しなければならない。

1) その客語には一般に数量詞や語勢の強い限定語がつく。例えば，

我昨天照(zhào)了₁几张相(xiàng)。
两三天以前(yǐqián)，我看了₁那本小说。
我昨天去了₁一次横滨(Héngbīn)。
他们唱(chàng)了₁很多中国歌儿(gēr)。

2) 客語が限定語などを伴わない簡単なものである場合，動詞の後に時態助詞の"了₁"をつけるとともに，客語の後に語気助詞の"了₂"をおかなければならない。ただし，この場合，時態助詞の"了₁"は省略してもよい。例えば，

我吃(了₁)午饭(wǔfàn)了₂。

— 47 —

3）1）において，もしさらに文末に"了₂"をおくような場合，動作がまだ終了しないで，なお引き続いて行なわれるであろうことを表わす。例えば，

我吃了₁两碗(wǎn)饭了₂, 还要吃一碗。

他们留学生(liúxuéshēng)在日本住了₁三年了₂。

4）客語が簡単なものである場合，動詞の前になんらかの状況語がつかなければ文として完成をみることはできない。例えば，

我们跟(gēn)他在宿舍(sùshè)里(li)一块儿(yíkuàir)吃了₁饭。

③ "了"は過去の動作の完了を強調するほか，未来の動作の完了を強調する場合にも用いられる。例えば，

明天下了₁课(kè)，我们一起(yìqǐ)去。

你去了₁东京(Dōngjīng)一定(yídìng)要去找(zhǎo)他。

ただし，とくに完了を強調しないときは，たとえ過去の動作であっても，"了"を用いない。例えば，

上星期每天下雨(xià yǔ)。

④ 完了態の否定形は，動詞の前に副詞"没(有)"を置くことによって表わされる。この場合，動詞の後やあるいは文末に"了"はつけない。例えば，

我没吃饭。

我没见他。

⑤ 完了態の反復疑問文は「……V"了"(客語)没有」の形で表わされる。例えば，

你买了₁(那本书)没有？

参照

① 本文4.の"要"は，第22課〔文法〕②

② 本文5.の"在"は，第13課〔文法〕①および第24課〔文法〕②

③ 本文5.の"快要……了"の構文については第12課。

◇関連語句◇

写信 xiě xìn	喝乌龙茶	看电影	发电子邮件
说话 shuō huà	hē wūlóngchá	kàn diànyǐng	fā diànzǐ yóujiàn
练习听力	喝酒 hē jiǔ	听戏 tīng xì	发短信 fā duǎnxìn
liànxí tīnglì	吃面条	听音乐 tīng yīnyuè	
做(课外)作业	chī miàntiáo	收听广播	
zuò (kèwài)zuòyè	看电视 kàn diànshì	shōutīng guǎngbō	

日中両言語での構成の逆の語彙			
日　本	中　国	日　本	中　国
言語	语言（語言）	紹介	介绍（介紹）
運命	命运（命運）	講演	演讲（演講）
平和	和平	相互	互相
暗黒	黑暗	終始	始终（始終）
売買	买卖（買賣）	緊要	要紧（要緊）

動詞述語文
(2)

【練習１】次の単語を用いて正しい語順に並べ換え，文にしなさい。

1．了，你，时间，汉语，了，多长，学

_____

2．借，跟，一本，我，了，老师，字典

_____

3．朋友，了，中文，一年，学，我，已经

_____

【練習２】次の文を訳しなさい。

1．妈妈<u>为</u>我<u>做</u>了很多<u>好吃</u>的东西。

_____

2．我<u>病</u>了一年多了，<u>老不见好</u>。

_____

3．我今天走了，过了一两个月，我就来<u>接</u>你。

_____

【練習３】次の文を訳しなさい。

1．わたしは砂糖〔糖 táng〕を１斤と果物〔水果 shuǐguǒ〕を５斤買って，
   ５円使〔費やす：花 huā〕った。

_____

2．父は只今出かけておりまして，留守〔不在家 bú zài jiā〕です。

_____

第9课　同学们　都　走　了　没有？
Dì jiǔ kè　Tóngxuémen　dōu　zǒu　le　méiyou?

1．同学们　都　走　了　没有？
Tóngxuémen　dōu　zǒu　le　méiyou?

　　也许　还　有　人　没　走。
Yěxǔ　hái　yǒu　rén　méi　zǒu.

2．他　怎么　还　没　来　呢？
Tā　zěnme　hái　méi　lái　ne?

　　因为　有　急事，他　不　能　来　参加　我们　的
Yīnwei　yǒu　jíshì，tā　bù　néng　lái　cānjiā　wǒmen　de

　　联欢会　了。
liánhuānhuì　le.

3．那　些　问题　都　解决　了　吗？
Nà　xiē　wèntí　dōu　jiějué　le　ma?

　　已经　完全　解决　了，以后　不　再　开　会　了。
Yǐjīng　wánquán　jiějué　le，yǐhòu　bú　zài　kāi　huì　le.

4．天气　怎么样　了？
Tiānqì　zěnmeyàng　le?

　　雨　已经　停　了，可是　刮起　风　来　了。
Yǔ　yǐjīng　tíng　le，kěshì　guāqǐ　fēng　lai　le.

5．春天　过去　了，夏天　到　了。
Chūntiān　guòqu　le，xiàtiān　dào　le.

　　天气　热　了，海边上　游泳　的　人　真　多！
Tiānqì　rè　le，hǎibiānshang　yóuyǒng　de　rén　zhēn　duō!

同学 tóngxué 名 ①「教師から学生へ，あるいは学生間で呼びかけに使う」② 同級生，同窓生

走 zǒu 動 歩く，出かける，動く

…了 …le 時助「文末に置き，動作の完了・実現・変化を表わす」

也许 yěxǔ 副 もしかしたら…かもしれない

有 yǒu 動 ある，いる

怎么 zěnme 代 なぜ，どうして，どのように

来 lái 動 来る

因为 yīnwei 接 …なので，…だから

急事 jíshì 名 急用

能 néng 助動 （能力があって，または周囲の事情から言って）…できる

参加 cānjiā 動 参加する

联欢会 liánhuānhuì 名 親睦会，交歓会

问题 wèntí 名 質問，問題

解决 jiějué 動 解決する

完全 wánquán 形 完全である

开（会）kāi (huì) 動 （会を）開く

天气 tiānqì 名 天気，気候

怎么样 zěnmeyàng 代 （性質・状況・方式を尋ねる）どのような，どのように

停 tíng 動 止む，止まる

可是 kěshì 接 しかし，だが，けれど

刮（风）guā (fēng) 動 （風が）吹く

～起来 ~qǐlai 接尾「動詞・形容詞の後ろに用いて，動作が開始後継続していることを表わす」

春天 chūntiān 名 春

过去 guòqu 動 （話し手から）離れて行く，向こうへ行く

夏天 xiàtiān 名 夏

到 dào 動 着く，至る

热 rè 形 暑い，熱い

海边 hǎibiān 名 海辺，海岸

游泳 yóuyǒng 動 泳ぐ

真 zhēn 副 本当に，実に

【文型：動詞述語文(3)】

〔文法〕語気助詞"了₂"

　語そのものに具体的な意味はないが，文末にこれを置き，感情を伝えたり，ある種の語気あるいは口調を表わしたりすることのできる助詞を語気助詞あるいは口調助詞という。

　同じ語気助詞であっても，各種の異なった感情や口調を表わすことがあるが，ここでは助詞"了₂"の機能についてみてみる。

① ある事態がすでに発生したこと，つまり動作・状態の完了を示す。

　　　昨天我们到他家去玩儿(wánr)了₂。

　　　我已经决定(juédìng)学中国文学(wénxué)了₂。

　なおこの場合，次の諸点に注意しなければならない。

1）完了を示す語気助詞"了₂"をもつ文の否定形は，第八課の時態助詞"了₁"の場合と同様，動詞の前に副詞"没(有)"を置くが，文末の"了₂"は用いない。例えば，

　　　昨天他们没(有)到我家来玩儿。

2）反復疑問文は，文末に"……了没有"を用いて表わす。例えば，

　　　昨天你去参观(cānguān)了没有?

3）ある事態が過去に起こったものでなく，経常的な状況やしばしば発生する事柄であれば，たとえ過去の出来事であっても語気助詞"了₂"を用いることはできない。例えば，

　　　以前我们常常练习（liànxí）说中国话。

　　　去年夏天我在那条河里游泳。

② 新しい状況が発生したりあるいは変化したりすることを示す。

　　　现在几点了₂?

　　　近来（jìnlái）他身体（shēntǐ）好了₂。

　　　天气暖和（nuǎnhuo）了₂，花儿（huār）都开（kāi）了₂。

③ 程度がきわめて高いことを表わす文の末尾に用いて，感嘆の意味をもたせる。この場合，文の程度を表わす状態それ自体に変化はないが，話し手がふとそれに気づいたときの気分が感概的に言い表わされることが多い。例えば，

　　　今天街上的人多极了₂（jíle）!

　　　我们的城市（chéngshì）大极了₂!

　　　我太喜欢（xǐhuan）这种（zhǒng）电影了₂!

　　　那太便宜（piányi）了₂!

〔参考〕時態助詞"了₁"（完了）と語気助詞"了₂"（完了・変化）

　　┌ 我学习了₁十几年。　　　　┌ 我吃了₁一顿（dùn）饭。
　　└ 我学习了₁十几年了₂。　　└ 我吃了₁一顿饭了₂。

　　┌ 你吃了₁饭了₂吗?　　　　　┌ 他走了₁₊₂。
　　└ 你吃饭了₂吗?　　　　　　└ 我走了₂。

　　┌ 我不去参观。
　　└ 我不去参观了₂。

参照　本文２．"有"の用法については第16課。
　　　本文２．"不能来……"の"能"の用法については第22課。

参照　本文４．の"刮风"という形の自然現象を表わす語句については第21課。

─◇関連語句◇─────────────────

恐怕 kǒngpà	幸亏 xìngkuī	冬天 dōngtiān	节目 jiémù
稍微 shāowēi	互相 hùxiāng	打雷 dǎléi	表演 biǎoyǎn
恰巧〔好〕	赶快 gǎnkuài	下雪 xià xuě	活动 huódòng
qiàqiǎo〔hǎo〕	秋天 qiūtiān	下霜 xià shuāng	卡拉OK kǎlāOK

動詞述語文（3）

【練習1】次のローマ字文を読んで訳しなさい。

1．Wǒ xiān zǒu le, nǐ zài zuò yíhuǐr ba.

_____

2．Tā liúxué Zhōngguó, yǐjīng shí duō nián le.

_____

3．Dàjiā dōu lái le méiyou？——Hái chà yí ge rén.

_____

【練習2】次の文を読んで訳しなさい。

1．我好久没有看张先生了。

_____

2．她有半年没来信了。

_____

3．怪不得，原来他去中国了。

_____

【練習3】言い換え練習をしなさい。

1．已经过了十分钟了，他怎么还没来？

半（bàn）小时，小王
一刻钟，　汽车
一个星期，信

2．哦，我说错（cuò）了。

看，写，买
做，走

第10课　你　要　去　中国　吗？
Dì shí kè　Nǐ　yào　qù　Zhōngguó　ma?

動詞述語文（4）

49

1. 你　要　去　中国　吗？
   Nǐ　yào　qù　Zhōngguó　ma?

   我　很　想　去　一　次。
   Wǒ　hěn　xiǎng　qù　yí　cì.

2. 那　本　小说　你　看了　几　遍？
   Nà　běn　xiǎoshuō　nǐ　kànle　jǐ　biàn?

   我　看了　两　三　遍。
   Wǒ　kànle　liǎng　san　biàn.

3. 你　给　他　打了　电话　了　吗？
   Nǐ　gěi　tā　dǎle　diànhuà　le　ma?

   我　已经　打了　两　次　电话　了。
   Wǒ　yǐjīng　dǎle　liǎng　cì　diànhuà　le.

4. 这　些　汉字　怎么　念？你　告诉　我　一下儿。
   Zhè　xiē　hànzì　zěnme　niàn? Nǐ　gàosu　wǒ　yíxiàr.

   这　些　汉字　我　没　学过，我　也　不　知道。
   Zhè　xiē　hànzì　wǒ　méi　xuéguo, wǒ　yě　bù　zhīdào.

5. 故宫博物院　你　参观过　好　几　次　吧？
   Gùgōng bówùyuàn　nǐ　cānguānguo　hǎo　jǐ　cì　ba?

   我　参观过　两　回　了，可是　还　没　全部　看完
   Wǒ　cānguānguo　liǎng　huí　le, kěshì　hái　méi　quánbù　kànwán

   一　遍。
   yí　biàn.

7

8

9

10

11

12

13

動詞述語文（4）

— 55 —

想 xiǎng [助動]（…することを）願う，…し
たい

次 cì [量]（回数や度数を示す）…回，…度

遍 biàn [量]（ある動作の始めから終りまでの
全過程）一回，一わたり

给 gěi [介]（動作の対象を導く）…に，…に
向かって

打（电话）dǎ (diànhuà) [動]（電話を）か
ける

念 niàn [動] 声を出して読む，勉強する

一下儿 yíxiàr [量]（動詞の後ろに用いて）

ちょっと…する，試しに…してみる

〜过 ~guo [時助]（動詞の後ろに用いて行為
や変化の経験を表わす）…したことがある

知道 zhīdao [動] 知る，知っている，分か
る

故宫博物院 Gùgōng bówùyuàn [固] 故宫博
物院

好〜 hǎo~ [副]「数量詞や時間詞の前に用
いて量が多いことを強調する」

回 huí [量]（回数や度数を示す）…回，…度

全部 quánbù [名] 全部

【文型：動詞述語文(4)】

〔文法〕

① 時態助詞"过"

　　時態助詞としての"过"は，動詞の後におかれて，過去の経験あるいはあ
る動作がかって発生したことを表わす。否定形は"没(有)〜过"である。例
えば，

　　　　　　我去过中国，没去过长城(Chángchéng)。

反復疑問形は，

　　　　　　你看过这本书没有？

のようにいう。

参照 | 第8課　時態助詞"了"

② 数量補語（動量詞）

　　「量詞」とは単位や回数を表わす非自立語のことである。このうち物を数
える単位，すなわち「名量詞」については，すでに第2課で触れたとおり，
量詞が数詞とともに限定語として名詞の前におかれるのに対して，動作や程
度をはかる「動量詞」は，量詞が数詞とともに補語として動詞の後におかれ
る。例えば，

　　　　　　上星期他来了两次。

なお動量詞の用法については，次の諸点に注意しなければならない。

1）客語と動量詞の位置関係については，名詞が客語になっている場合，動
　量詞は一般に客語の前におく。例えば，

　　　　　　我去过两次中国。

　また代名詞が客語になっている場合は，動量詞は必ず客語の後におかれる。
　例えば，

　　　　　　我以前来过这儿(zhèr)一次。

2）動量詞"次""回""遍"はほとんど同じ意味であるが，"遍"にはこのほか，始めから終わりまでの全過程を示す働きをもつ。例えば，

　　　　那个故事(gùshi)老师给我们讲(jiǎng)了一遍。

3）"下儿"も動詞に伴う動量詞として，よく用いられるものの一つである。ときには動作の具体的な回数を表わすこともある。

　　　　他在门(mén)上敲(qiāo)了两下儿。

しかし多くの場合，"一"と連用して動作の継続時間がきわめて短いことを表わす。例えば，

　　　　他给我讲了一下儿。

参照 ｜ 本文１.における"要"と"想"の用法は，第22課「助動詞(能願動詞)」
参照 ｜ 本文３.における"给"は介詞，第24課。 比較 ｜ 第７課"给"

┌─◇関連語句◇────────────────────────────┐
│ 希望 xīwàng　　踢足球 tī zúqiú　　打弹子 dǎ dànzi　　打 (零) 工 │
│ 愿意 yuànyi　　打网球 dǎ wǎngqiú　打麻将 dǎ májiàng　　 dǎ (líng)gōng │
│ 盼望 pànwàng　 打高尔夫球　　　　打车票 dǎ chēpiào　打钟点工 │
│ 打算 dǎsuàn　　　 dǎ gāo'ěrfūqiú　打包裹 dǎ bāoguǒ　　 dǎ zhōngdiǎngōng │
│ 准备 zhǔnbèi　　打太极拳　　　　打手机 dǎ shǒujī │
│ 打棒球 dǎ bàngqiú　 dǎ tàijíquán │
└───────────────────────────────────────┘

【練習１】次のローマ字文を読んで訳しなさい。

1．Wǒ yào <u>wǎng</u> Dōngjīng dǎ yí ge diànhuà.

_____

2．Míngtiān qù <u>lǚxíng</u>, jīntiān <u>wǎnshang</u> wǒ yào zhǔnbèi yíxià dōngxi.

_____

3．Shí diǎn zhōng wǒ yào <u>huìjiàn</u> yí ge péngyou.

_____

【練習２】次の文を読んで訳しなさい。

1．这是找您的钱，请<u>点</u>一下儿！

_____

2．你准备在中国<u>待</u>多少天？

_____

3．你以前吃过这种<u>菜</u>吗？

_____

【練習３】次の文を訳しなさい。

1．どうかもういちどおっしゃってください。

_____

2．彼はまだ中国へ行ったことがないんでしょう。

_____

3．あなたは初めて〔第一次 dìyī cì；初次 chūcì〕中国へ来られたのですか。

_____

第11课　你　在　干　什么？
Dì shíyī kè　Nǐ　zài　gàn　shénme?

🔊 **51**

1. 你　在　干　什么？　正　在　作　练习　吗？
   Nǐ　zài　gàn　shénme?　Zhèng　zài　zuò　liànxí　ma?

   没有，我　在　念　课文。
   Méiyou,　wǒ　zài　niàn　kèwén.

2. 你们　在　听　什么　呢？
   Nǐmen　zài　tīng　shénme　ne?

   我们　听着　中国　音乐　呢。
   Wǒmen　tīngzhe　Zhōngguó　yīnyuè　ne.

3. 近来　王　老师　身体　怎么样？
   Jìnlái　Wáng　lǎoshī　shēntǐ　zěnmeyàng?

   你　不　知道　吗？他　有　病　了，现在　正　住着
   Nǐ　bù　zhīdào　ma?　Tā　yǒu　bìng　le,　xiànzài　zhèng　zhùzhe

   院　呢。
   yuàn　ne.

4. 现在　几　点　了？你　带着　表　呢　吗？
   Xiànzài　jǐ　diǎn　le?　Nǐ　dàizhe　biǎo　ne　ma?

   偏巧　我　没　带着　表。
   Piānqiǎo　wǒ　méi　dàizhe　biǎo.

5. 你　躺着　看　什么　呢？
   Nǐ　tǎngzhe　kàn　shénme　ne?

   我　正　看着　日文　报　呢。
   Wǒ　zhèng　kànzhe　Rìwén　bào　ne.

6. 车站　离　这儿　远　不　远？
   Chēzhàn　lí　zhèr　yuǎn　bu　yuǎn?

   不　大　远，走着　去　也　用不了　十　分　钟　吧。
   Bú　dà　yuǎn,　zǒuzhe　qù　yě　yòngbuliǎo　shí　fēn　zhōng　ba.

在 zài 副（動詞の前に用い，動作が進行中であることを表わす）…している

正 zhèng 副（動作が進行・持続中であることを示す）ちょうど…（しているところだ）

作 zuò 動 行う，する

课文 kèwén 名 教科書の中の本文

～着 ~zhe 時助（動作の持続を表わす）…している，…しつつある

音乐 yīnyuè 名 音楽

王 Wáng 名 ワン（姓）

病 bìng 名 病，病気

住院 zhù yuàn 動 入院する

表 biǎo 名 時計（身につけ携行できるもの）

偏巧 piānqiǎo 副 ちょうど，折りあしく，折りよく

躺 tǎng 動 横になる

车站 chēzhàn 名 駅，停留所

离 lí 介 …から，…まで

远 yuǎn 形 遠い，離れている

大 dà 副（“不”の後につけて）あまり…でない，あまり…しない

用不了 yòngbuliǎo 動（多くて）使いきれない

【文型：動詞述語文(5)】

〔文法〕進行および持続を表わす文

① 進行相

 1）中国語にはテンスがないので，一つの動作が進みつつあることを強調する場合，進行相を用いてこれを表わす。進行相には，いろいろな形式があるが，〔他们吃饭〕を基礎文にすれば，次の諸相をみることができる。

> 他们吃饭呢。
>
> 他们正吃饭(呢)。
>
> 他们在吃饭(呢)。
>
> 他们正在吃饭呢。

 2）進行相は，現在形に用いるほか，過去または未来の動作が，あるときに進められていたとか，進められているだろうとかいうような場合にも進行相が用いられる。例えば，

> 昨天我到医院去看他的时候儿，他在请医生(yīshēng)给看病。
>
> 要是(yàoshi)你明天第(dì)二堂(táng)课去他们的教室(jiàoshì)，
>
> 他们一定在学习中文。

 3）進行相の動作の否定は，“没有”をもって行なう。

> 我去他家的时候儿，他还没有学习。

② 持続相

1）ある動作が始まってすぐ終わるのではなく，持続性をもっていることを
強調する場合，持続相を用いてこれを言い表わす。持続相は持続性のある
動詞の後に接尾語"着"をつける。

你们在椅子上坐着吧。

你怎么站(zhàn)着？　坐下吧!

他手里拿(ná)着一本中文书。

上例文中の動詞"坐""站""拿"は元来動作を表わす動詞であるが，それ
らに接尾語"着"がつくと，動作から状態に変わる。

2）進行中の動作は，しばしば持続している動作でもあるから，接尾語の"着"
をつけて，進行相から持続相に変化することを表わす。

大家(dàjiā)正开着会呢。　　他们谈(tán)着话呢。

3）動作そのものは完了したけれども，動作によって得られた結果は持続し
ている，という内容のものもある。

他带着手表(shǒubiǎo)呢。

黑板上写着许多(xǔduō)汉字。

她穿(chuān)着很漂亮(piàoliang)的衣服(yīfu)。

桌子上放(fàng)着很多书。

4）持続相の否定も"没(有)"をもって行なう。

门没(有)开着，窗户(chuānghu)开着呢。

③ 連動文

〔V+"着"〕の形で状況語として，次に続く動詞の表わす動作の方式を説明
したり，あるいは同時に進められている動作を言い表わしたりするのに用い
られる。

他们每天骑(qí)着自行车(zìxíngchē)上班(shàngbān)。

孩子们常常在家里看着电视吃东西。

── ◇関連語句◇ ──────────────

托儿所 tuō'érsuǒ	初中 chū-zhōng	高等学校	西医 xīyī
幼儿园 yòuéryuán	高中 gāo-zhōng	gāoděng xuéxiào	中医 zhōngyī
小学 xiǎoxué	学院 xuéyuàn	西药 xīyào	
中学 zhōngxué		中药 zhōngyào	

動詞述語文 (5)

【練習 1】 次のローマ字文を読んで訳しなさい。

1．Wǒ dào tā jiā qù de shíhou, tā zhèng tīng Zhōngwén guǎngbō.

_____

2．Nǐ zhèng zài kàn zázhì ma?

_____

3．Méi yǒu, wǒ kàn huàbào ne.

_____

4．Zhè jǐ tiān wǒ zhèng zhǔnbèizhe <u>kǎoshì</u> ne.

_____

5．Tā méi niàn shū, tā zài kàn diànshì ne.

_____

【練習 2】 次の文を訳しなさい。

1．わたしがちょうど彼を訪ねて行こうとしたら，彼がやって来た。

_____

2．きみたちはどんな外国語〔外国话 wàiguó huà〕を学んでいますか。

_____

3．わたしは子どもを連れ〔連れて行く（来る）：带 dài〕て旅行に行くつもりで
す。

_____

4．彼はむかし〔过去 guòqù；从前 cóngqián〕住んでいたところ〔地方 dìfang〕
を探している。

_____

5．彼は勉強していたので，彼を誘っ〔约 yuē〕て芝居〔戏 xì〕を見に行かな
かった。

_____

日本語と中国語(1)

　「動作」「状態」の表現上の特徴は各国によって異なるところがある。例えば，印欧語ではフランス語はより抽象的な表現をとる。例えば，「動き」を表わす "aller(〔ale〕行く)" が徒歩でも車でも基本的に一様に示されるが，これに対して，ドイツ語では，より具象性に富み，同じ「行く」にしても，例えば gehen(〔ˈgeːən〕歩いて行く)と fahren(〔ˈfaːrən〕乗り物に乗って行く)のように，別個の語彙形態をもつ。

　それでは日本語や中国語はどうかというと，日本語の方は元来抽象的で，語彙と音節の数が少ない言語であったが，偶然隣り合わせた中国の文字，すなわち漢字を借りてうまくこれを利用することにより，部分的に具象的な表現をとり得る特徴をもつことになる。例えば，同じ「なく」といっても，中国語にある「鳴、啼、泣、涕、哭、号……」といった諸相を日本語でも使い分けられるようになった。

　なお，中国語の具象性を示す他の動詞の例として「もつ」がある。
「もつ」

　　　拿　ná　　手にもつ
　　　帯　dài　　身につけてもつ
　　　端　duān　器物を平らにもつ
　　　捧　pěng　両手でささげるようにしてもつ
　　　托　tuō　　手のひらにのせてもつ
　　　提　tí　　　手にさげてもつ
　　　有　yǒu　　所有する

　このことから中国語は，日本語の抽象性と違って，ドイツ語や英語と同様，より具象性に富む言語であることがわかる。

動詞述語文
(5)

第12课 一会儿 就 要 广播 了。
Dì shíèr kè Yīhuìr jiù yào guǎngbō le.

53

1. 北京 广播 的 中文 初级 讲座, 还 没 开始 吗？
Běijīng guǎngbō de Zhōngwén chūjí jiǎngzuò, hái méi kāishǐ ma?

一会儿 就 要 广播 了。
Yīhuìr jiù yào guǎngbō le.

2. 你 到 日本 多 久 了？
Nǐ dào Rìběn duō jiǔ le?

我 来 日本 快 两 个 月 了。
Wǒ lái Rìběn kuài liǎng ge yuè le.

3. 你 的 工作 还 没 做好 吗？
Nǐ de gōngzuò hái méi zuòhǎo ma?

快 做好 了。
Kuài zuòhǎo le.

4. 电车 快 要 开 了 吧？
Diànchē kuài yào kāi le ba?

就 要 开 了, 不 快 点儿 去 就 赶不上 了！
Jiù yào kāi le, bú kuài diǎnr qù jiù gǎnbushàng le!

5. 现在 不 是 已经 快 要 到 中午 了 吗？
Xiànzài bú shì yǐjīng kuài yào dào zhōngwǔ le ma?

咱们 吃 饭 去 吧！
Zánmen chī fàn qù ba!

我 倒 还 不 怎么 饿, 不过 可以 陪着 你 去 吃 饭。
Wǒ dào hái bù zěnme è, búguò kěyǐ péizhe nǐ qù chī fàn.

◇新出単語◇

初级 chūjí 名 初級

讲座 jiǎngzuò 名 講座

开始 kāishǐ 動 始まる，始める

一会儿 yīhuìr 副 間もなく，しばらくしたら，すぐ

就要 jiùyào 副 （文末に"了"を置いて）すぐ，間もなく

多久 duōjiǔ 代 （時間を指して）どのくらい

快要 kuàiyào 副 （文末に"了"を置いて）もうすぐ，じきに

工作 gōngzuò 名 仕事，業務

电车 diànchē 名 電車

开（车）kāi (chē) 動 （車が）動き出す，発車する，（車を）運転する

点儿 diǎnr 量 （"一点儿"に同じで，少数を表わす）少し

赶不上 gǎnbushàng 動 間に合わない，（…まで）追いつけない

中午 zhōngwǔ 名 昼頃，昼の12時前後

咱们 zánmen 代 （聞き手も含めた）私たち

倒 dào 副 （逆接的に）かえって，反対に，ところが

饿 è 形 腹がすいている，ひもじい

不过 búguò 接 ただし，ただ

可以 kěyǐ 助動 （客観的な条件上）できる

陪 péi 動 付き添う，同行する

【文型：動詞述語文(6)】

〔文法〕「将然」を表わす文

① 話し手が主観的にある動作や状態の開始が，さしせまっていると感じるとき，次の構造を用いる。

    1）要……………了₂

    2）快要…………了

    3）快……………了

    4）就要…………了

例えば，暑假(shǔjià)快要到了。

       再有十分钟就要下课了。

       快下雨了，我们进(jìn)去吧。

② このような文は，次の諸点に注意しなければならない。

    1）反復疑問文や選択疑問文にすることはできない。

    2）"快要……了"，"快……了"の前には時間を示す状況語を用いることができない。

◇関連語句◇

动身 dòngshēn	进口 jìnkǒu	赶路 gǎnlù	回国 huíguó
开车 kāichē	旅游 lǚyóu	签证 qiānzhèng	游览 yóulǎn
停车 tíngchē	飞行 fēixíng	出国 chūguó	欢迎 huānyíng
出口 chūkǒu	起飞 qǐfēi	护照 hùzhào	问候 wènhòu

参照 本文5の"可以"は第22課

【練習1】"要……了"を用いて次の文を完成させ訳しなさい。

例：＿＿＿＿＿＿＿＿＿＿，我们走吧。（开车）→<u>要开车了</u>，我们走吧。

1．＿＿＿＿＿＿＿＿＿＿，快收进(shōujìn)洗(xǐ)的衣服吧。（下雨）

2．＿＿＿＿＿＿＿＿＿＿，咱们去饭馆(fànguǎn)吧。（吃饭）

3．＿＿＿＿＿＿＿＿＿＿，我们快进教室去吧。（上课 shàngkè）

【練習2】次の文を訳しなさい。

1．もう出かけないと遅れ〔迟到 chídào〕てしまいます。

＿＿＿＿＿＿＿＿＿＿＿＿＿＿＿＿＿＿＿＿＿＿＿＿＿＿＿

2．いま8時です。授業が始まりますよ。

＿＿＿＿＿＿＿＿＿＿＿＿＿＿＿＿＿＿＿＿＿＿＿＿＿＿＿

3．わたしたちはあと2日でいよいよお別れ〔分別 fēnbié〕ですね。

＿＿＿＿＿＿＿＿＿＿＿＿＿＿＿＿＿＿＿＿＿＿＿＿＿＿＿

4．飛行機〔飞机 fēijī〕が間もなく離陸しますから搭乗〔搭乗する：上飞机；搭乗 dāchéng〕準備をしましょう。

＿＿＿＿＿＿＿＿＿＿＿＿＿＿＿＿＿＿＿＿＿＿＿＿＿＿＿

5．日本では9月の末〔終わり：底 dǐ〕になると，ぼつぼつ〔（ほどなく；まもなく）……になる：快要……了〕涼しくなりだします。

＿＿＿＿＿＿＿＿＿＿＿＿＿＿＿＿＿＿＿＿＿＿＿＿＿＿＿

第13课　笑话(1)　找　妈妈
Dì shísān kè　Xiàohua　Zhǎo　māma

一　个　孩子　的　妈妈　在　学校　工作。有　一　天，
Yí　ge　háizi　de　māma　zài　xuéxiào　gōngzuò. yǒu　yì　tiān,

他　到　学校　找　妈妈。他　很　客气地　说：
tā　dào　xuéxiào　zhǎo　māma. Tā　hěn　kèqide　shuō :

"对不起，我　找　妈妈……"
"Duìbuqǐ,　wǒ　zhǎo　māma……"

"你　妈妈　姓　什么？"
"Nǐ　māma　xìng　shénme ?"

"她　姓　张。"
"Tā　xìng　Zhāng."

"她　叫　什么　名字？"
"Tā　jiào　shénme　míngzi ?"

"我　叫　她　'妈妈'。"
"Wǒ　jiào　tā　'māma'."

"你　家　还　有　谁？"
"Nǐ　jiā　hái　yǒu　shuí ?"

"有　爸爸　和　姥姥。"
"Yǒu　bàba　hé　lǎolao."

"你　姥姥　叫　她　什么？"
"Nǐ　lǎolao　jiào　tā　shénme ?"

"姥姥　叫　她　'女儿'。"
"Lǎolao　jiào　tā　'nǚ'ér.'"

"你　爸爸　叫　她　什么？"
"Nǐ　bàba　jiào　tā　shénme ?"

"我　爸爸　叫　她　'孩子　妈'。"
"Wǒ　bàba　jiào　tā　'háizi　mā'."

◇新出単語◇

笑话 xiàohua 名 笑い話

一天 yìtiān 名 ある日，一日中

～地 ~de 助 「前の語句と結びつき，後の動詞や形容詞を修飾する」

对不起 duìbuqǐ 動 相すまない，(挨拶・応待) ごめんなさい，すみません

姓 xìng 動 (…という) 姓である，(…を) 姓とする

姥姥 lǎolao 名 (母方の) おばあさん，外祖母

女儿 nǚ'ér 名 娘

笑话(2) 喝 酒
Xiàohua Hē jiǔ

有 个 爱 喝 酒 的 人, 有 一 次 在 酒店 里
Yǒu ge ài hē jiǔ de rén, yǒu yí cì zài jiǔdiàn lǐ

喝 酒。喝 的 时间 太 长 了, 儿子 催 他 回 家,
hē jiǔ. Hē de shíjiān tài cháng le, érzi cuī tā huí jiā,

说: "天 阴 了, 快 要 下 雨 了, 回 家 吧!"
shuō: "Tiān yīn le, kuài yào xià yǔ le, huí jiā ba!"

那 人 说: "就 要 下 雨 了, 怎么 能 走!"
Nà rén shuō: "Jiù yào xià yǔ le, zěnme néng zǒu!"

一会儿, 真 的 下 雨 了, 雨 下 了 很 长 时间
Yíhuìr, zhēn de xià yǔ le, yǔ xià le hěn cháng shíjiān

才 停。儿子 又 催 他 说: "雨 停 了, 回 去 吧!"
cái tíng. Érzi yòu cuī tā shuō: "Yǔ tíng le, huí qu ba!"

那 人 喝着 酒 对 儿子 说: "既然 雨 停 了,
Nà rén hēzhe jiǔ duì érzi shuō: "Jìrán yǔ tíng le,

还 急 什么!"
hái jí shénme!"

爱 ài 動 愛する，好む
酒店 jiǔdiàn 名 酒屋，飲み屋
儿子 érzi 名 息子
催 cuī 動 催促する，せき立てる
阴 yīn 形 曇っている
真的 zhēnde 副 本当に
才 cái 副 やっと，ようやく

又 yòu 副 （動作の繰り返し）また
回去 huíqu 動 帰って行く
对 duì 介 …に対して
既然 jìrán 接 …である以上，…である
　　からには
急 jí 動 せく，急ぐ，焦る

〔文法〕
〔笑話(1)〕
①　介詞構造

　「介詞」とは前置詞のことであり，ここでの「介詞構造」はいわば「前置詞句」である。前置詞句は「限定語」（連休修飾語）になる場合もあるが，「状況語」（連用修飾語）（第15課参照）になる場合の方が多い。例えば，本文中の例を挙げると，

　ここでは，"在"が介詞（前置詞）で，"学校"が客語であるが，これらが組み合わさって介詞句（前置詞句）を構成し，次の動詞"工作"を修飾する。

参照　第24課〔文法〕②「介詞構造」

②　副詞語尾"地"

　一般に二音節の形容詞は，そのあとに助詞"地"(-de)をつけて状況語として用いる（第15課参照）。本文中の次の例がそれである。

　　　　　他很客气地说。

〔笑話(2)〕

　本文中の"真的下雨了"における"的"は，第13課「笑話(1)」中の"很客气地"の"地"や，第15課での用例"〜地"と同じ機能をもつもの。

比較　"下雨了"と"雨下了"（第21課「現象文」参照）

第14课 这 本 书 好 吗?
Dì shísì kè　Zhè　bēn　shū　hǎo　ma?

59

1. 这 本 书 好 吗?
Zhè　běn　shū　hǎo　ma?

我 看 这 本 书 很 好。
Wǒ　kàn　zhè　běn　shū　hěn　hǎo.

2. 你 的 房间 干净 不 干净?
Nǐ　de　fángjiān　gānjing　bu　gānjing?

很 干净, 是 新 盖 的 楼。
Hěn　gānjing, shì　xīn　gài　de　lóu.

3. 那 些 东西, 好 不 好?
Nà　xiē　dōngxi, hǎo　bu　hǎo?

也 有 好 的, 也 有 不 好 的。
Yě　yǒu　hǎo　de, yě　yǒu　bù　hǎo　de.

4. 哪 枝 圆珠笔 是 新 的?
Nǎ　zhī　yuánzhūbǐ　shì　xīn　de?

这 枝 是 新 的。
Zhè　zhī　shì　xīn　de.

5. 他们 俩 关系 怎么样?
Tāmen　liǎ　guānxi　zěnmeyàng?

他们 是 很 要好 的 朋友, 经常 来往。
Tāmen　shì　hěn　yàohǎo　de　péngyou, jīngcháng　láiwǎng.

6. 学习 汉语 有 困难 吗?
Xuéxí　hànyǔ　yǒu　kùnnan　ma?

发音 和 语法 有点儿 难。
Fāyīn　hé　yǔfǎ　yǒudiǎnr　nán.

房间 fángjiān 名 部屋

干净 gānjing 形 きれいである，清潔である

新 xīn 形 新しい。 副 新しく，(…した)ばかり

盖 gài 動 (建物を)建てる

俩 liǎ 数 2人，2つ

关系 guānxi 名 関係

要好 yàohǎo 形 仲がよい

经常 jīngcháng 副 常に，いつも

来往 láiwǎng 動 行き来する，往来する

困难 kùnnan 名 困難，苦しみ

有点儿 yǒudiǎnr 副 (多くは好ましくないことに用いる)少し，わずか

难 nán 形 難しい

【文型：形容詞述語文(1)】

　形容詞が述語となる文を形容詞述語文という。

〔文法〕

　この文の述語は，主語の表わす人または事物の性質・形状等を描写するものである。言い変えるとこの述語は，主語の指す人や事物が"どのような"ものであるかをいい表わすものである。例えば，

　　　　这本书很新。

① 形容詞述語文における注意点

1）このような文では動詞"是"を用いない。

2）肯定叙述文では，簡単な述語形容詞の前に通常副詞"很"をつける。この場合の"很"は副詞としての機能は弱くなって、程度を強調する意味はほとんどなくなっている。例えば，

　　　　那本书很好。

ただし，否定文や疑問文では，このような形式的な意味の"很"は必要としない。例えば，

　　　　这本书不新。

　　　　那本书好吗?

3）反復疑問文では"很"を用いない。例えば，

　　　　那本书新不新? 　　　といっても，

　　　　那本书很新不很新? 　　とはいえない。

4）"很"を用いないで，形容詞だけで述語になる場合は，他と比較する意味あいをもつことが多い。例えば，

　　　　那本书好，这本书不好。

　　　　这个大，那个小。

② "的"の用法(3)——必要とする場合としない場合(形容詞述語文において)

　1）形容詞が名詞を修飾する場合，単音節の形容詞は，普通"的"を伴わず直接名詞にかぶせる。例えば，"好书"。しかし名詞を修飾するのに，その単音節形容詞の前にさらに副詞がつく場合，あるいは複音節の形容詞がつく場合，"的"をそれぞれの形容詞の後につなげる。例えば，"很好的学生"，"可爱(kěài)的姑娘(gūniang)"

　2）形容詞"多""少"が名詞を限定する場合，普通の形容詞とちがって，"很多～"，"很少～"のようにいわなければならない。従って"多学生是日本人。"とはいえず，必ず"很多学生是日本人。"という。この場合の"很"は必ずしも"非常に"の意味をもつとは限らない。

③ "是……的"の構文

　"是"は一般に体言述語文に用いられる動詞(第1，2，3課参照)であるが，形容詞述語文において，"是"を"的"と呼応させると，その形容詞を体言句とし，判断と説明のはたらきをする構文になる。例えば，

　　　　　那个教室是大的。

　　　　　这枝铅笔是红(hóng)的。

　　比較 第24課の"是……的"構文

◇関連語句◇

坏 huài	冷 lěng	清淡 qīngdàn	热情 rèqíng
旧 jiù	整齐 zhěngqí	窄狭 zhǎixiá	聪明 cōngmíng
白 bái	好看 hǎokàn	宽敞 kuānchang	勤劳 qínláo
厚 hòu	漂亮 piàoliang	年轻 niánqīng	
薄 báo	油腻 yóunì	时髦 shímáo	

〔参考〕 形容詞の限定語の例

好老师。　新书。　旧杂志。　美丽(měilì)的花儿。　古老(gǔlǎo)的城市。
很大的学校。　不好的东西。　很多学生。　不少(shǎo)人。

【練習１】言い換え練習をしなさい。

1．这种花真好看。

> 这本书，便宜
> 这种橘子(júzi)，酸(suān)
> 今天天气，热
> 那种水果(shuǐguǒ)，好吃(hǎochī)

2．这好吃极了。

> 看，听，写
> 学，买，玩

【練習２】次の文を訳しなさい。

1．北京の冬はとても寒いんでしょう〔そう(なん)でしょう：是不是？〕。

_____

2．ここはどの季節〔季节 jìjié〕がいちばん〔最 zuì〕いいですか。

_____

3．彼は70歳過ぎですが，体はまだとても健康です。

_____

4．わたしの中国語のレベルは高くありません，どうかよろしく御指導下さい。

_____

14
15
16
17
18
19

形容詞述語文(1)

第15课　这　个　办法　怎么样?
Dì shíwǔ kè　Zhèi　ge　bànfǎ　zěnmeyàng?

1. 他　想出　的　办法　怎么样　啊?
Tā　xiǎngchū　de　bànfǎ　zěnmeyàng　a?

　　很　好，又　稳妥　又　合理。
Hěn　hǎo,　yòu　wěntuǒ　yòu　hélǐ.

2. 你　父亲　的　病　现在　好　了　吗?
Nǐ　fùqin　de　bìng　xiànzài　hǎo　le　ma?

　　谢谢，已经　完全　好　了。
Xièxie,　yǐjīng　wánquán　hǎo　le.

3. 他　的　生意　情况　好了　一点儿　了　吗?
Tā　de　shēngyi　qíngkuàng　hǎole　yìdiǎnr　le　ma?

　　听说　最近　好　不　容易　才　恢复了　过来。
Tīngshuō　zuìjìn　hǎo　bù　róngyi　cái　huīfùle　guòlai.

4. 你　看　这　本　书　深度　怎么样?
Nǐ　kàn　zhè　běn　shū　shēndù　zěnmeyàng?

　　我　想　这　本　书　深　一点儿，可是　内容　倒
Wǒ　xiǎng　zhè　běn　shū　shēn　yìdiǎnr,　kěshì　nèiróng　dào

　　相当　有　意思。
xiāngdāng　yǒu　yìsi.

5. 那　个　新　来　的　夜校　学生　怎么样?
Nèi　ge　xīn　lái　de　yèxiào　xuésheng　zěnmeyàng?

　　不错。他　积极地　工作，也　很　努力地　学习，我们
Búcuò.　Tā　jījíde　gōngzuò,　yě　hěn　nǔlìde　xuéxí,　wǒmen

　　都　喜欢　他。
dōu　xǐhuan　tā.

办法 bànfǎ 名 方法，手段，やり方

稳妥 wěntuǒ 形 穏当である，安定している

合理 hélǐ 形 合理的である，理にかなっている

谢谢 xièxie 動 感謝する，（挨拶）ありがとう

生意 shēngyi 名 商売，商い

情况 qíngkuàng 名 状況，状態

一点儿 yìdiǎnr 量 少し

听说 tīngshuō 動 聞くところによれば，（…と）聞いている

最近 zuìjìn 名 最近

容易 róngyi 形 容易である，やさしい

恢复 huīfù 動 回復する，取り戻す

～过来 ~guòlai 接尾 「動詞の後に用い，もとの正常な状態に回復することを表わす」

深度 shēndù 名 深さ，深み

内容 nèiróng 名 内容

相当 xiāngdāng 形 適当である，しかるべき

意思 yìsi 名 趣，面白み，意味，考え

夜校 yèxiào 名 夜間学校

不错 búcuò 形 よい，悪くない

积极 jījí 形 積極的である，熱心である

努力 nǔlì 形 努力する，頑張る

【文型：形容詞述語文(2)】

〔文法〕

① 状況語

状況語とは，動詞または形容詞を修飾する要素である。副詞以外の品詞（例えば形容詞）や句（例えば前置詞句）も状況語に立つことができる。（〔参考〕参照）。

② 形容詞＋"了"

形容詞の後に変化を表わす語気助詞の"了"をつけると，その形容詞は動詞的機能をもつことになり状態の変化を表わす。例えば，

我肚子(dùzi)饿了。

参照 第9課〔文法〕②

③ "又……又……"

並列する要素を，二つの副詞"又"を用いて，言い表わすもので，二つの状況または特性の同時に存在することを，とくに強調する。例えば，

他又是我的老师又是我的朋友。

这间教室又新又大。

◇関連語句◇

这么 zhème	那样 nàyàng	平常 píngcháng	刚才 gāngcái
这样 zhèyàng	那么样 nàmeyàng	突然 tūrán	
这么样 zhèmeyàng	怎样 zěnyàng	从前 cóngqián	
那么 nàme	早已 zǎoyǐ	后来 hòulái	

〔参考〕

状況語〔Ⅰ〕

　各種の状況語に副詞語尾“地”がつく場合とつかない場合。

① 形容詞の状況語

　　1）一音節の形容詞の場合にはつかない。例えば，

　　　　　　　我常常早睡(shuì)早起。

　　2）二音節の形容詞または繰り返された形容詞が状況語になる場合は，つけ

　　　てもつけなくてもよいが，どちらかと言えばつけるのが普通。

　　　例えば，

　　　　　　　我们努力(地)学习。

　　　　　　　他们都积极(地)工作。

　　　　　　　我们一定好好儿(地)(hǎohāor(de))学习中文。

　　　　　　　你快快儿(地)(kuàikuāir(de))回去吧。

　　　　　　　他们都高高兴兴(地)唱歌儿。

　　3）状況語にたつ形容詞の前に，さらに他の状況語がつく場合には必ずつけ

　　　る。例えば，

　　　　　　　他们很努力地学习。

　　　　　　　我很快地看完了。

　　　　　　　他很热情地招待(zhāodài)了我们。

② 副詞の状況語

　　1）一音節の副詞の場合はつかない。例えば，

　　　　　　　我很忙。

　　　　　　　他不来。

　　2）二音節の副詞の場合は通常つけない。例えば，

　　　　　　　我们一起学习。

　　　ただし，例外として次の少数のものにはつくこともある。例えば，

　　　　　　　他常常(地)唱歌儿。

　　における“常常(地)”や“再三(地)(zàisān(de))”，“非常(地)(fēicháng(de))，

　　“经常(地)”“渐渐(地)(jiànjiàn(de))”がそれである。

状況語〔Ⅱ〕

　　"地"がつかない各種の状況語。

①　介詞構造の状況語。例えば,

　　　　他从(cóng)中国来。

　　　　我在家里看书。

　　　　我跟老王一起照了相。

②　動客句の状況語(動作の方式を示す)。例えば,

　　　　我们用中国话谈谈话吧。

　　　　我坐飞机来的日本。

③　時間名詞の状況語(文頭においてもよいし,修飾する語句の前においてもよい)。例えば,

　　　　每天上午(shàngwǔ)我们上两堂中文课。

　　　　我们每天早上九点上课。

日本語と中国語(2)

　"敬遠"という語の日中両言語間の異同について。

　この語については,『論語・雍也』に「鬼神のような,人間の意志を超越して存在する一切の権威には,敬いつつ遠ざけて従順にぬかずいて容易に狎れ親しまぬことがよい」(樊遅問知,子曰,務民之義,敬鬼神而遠之,可謂知矣:樊遅知を問う。子曰く,民の義を務め,鬼神を敬して遠ざく,知と謂うべし)という意味に解釈されている。

　日本語としては,どちらかと言えば,「表面は敬っているような態度をして,実は近づくのを避ける,うるさがって遠ざかる」の意に用いられる。

　しかし実は現代中国語の方でも,この日本語の意味での誤用が慣用化されて,〔敬而远之 jìng ér yuǎn zhī〕の形で用いられる場合がある。一般には〔躲避 duǒbì〕を用いる。

【練習1】次のローマ字文を読んで訳しなさい。

1．Tiān yuè lái yuè liàng le.

_____

2．Zhèr de dōngtiān yìdiǎnr yě bù lěng.

_____

3．Rúguǒ piányi de huà, wǒ jiù duō mǎi diǎnr.

_____

【練習2】言い換え練習をしなさい。

1．一点儿也不好。

| 快，慢(màn)，难 |
| 清楚(qīngchu)，明白(míngbai) |

2．今天天气很冷。

| 很热，很暖和，不太热， |
| 刮风，有雨 |

【練習3】次の文を訳しなさい。

1．すみませんが，少しゆっくり話し〔说慢一点儿；慢一点儿说〕ていただけま
　せんか。

_____

2．わたしはいまはお腹が空いていません，しばらくしてから食べます。

_____

3．彼の発音は明瞭であるばかりでなく流暢〔流利 liúlì〕です。

_____

第16课 你 家里 有 几 口 人?
Dì shíliù kè　Nǐ　jiāli　yǒu　jǐ　kǒu　rén?

特殊な動詞"有"をもつ文

63

1．你　有　新华字典　吗?
Nǐ　yǒu　Xīnhuá-zìdiǎn　ma?

我　没　有，他　有。
Wǒ　méi　yǒu,　tā　yǒu.

2．你们　每　星期　都　有　几　节　中文　课?
Nǐmen　měi　xīngqī　dōu　yǒu　jǐ　jié　Zhōngwén　kè?

一　个　星期　有　三　节　课。
Yí　ge　xīngqī　yǒu　sān　jié　kè.

3．这儿　有　我　的　词典　吗?
Zhèr　yǒu　wǒ　de　cídiǎn　ma?

这儿　没　有　你　的　词典，只　有　我　的。
Zhèr　méi　yǒu　nǐ　de　cídiǎn,　zhǐ　yǒu　wǒ　de.

4．你　家里　有　几　口　人?
Nǐ　jiāli　yǒu　jǐ　kǒu　rén?

人　很　多，一共　有　七　口　人。
Rén　hěn　duō,　yígòng　yǒu　qī　kǒu　rén.

5．长江　有　多　长?
Chángjiāng　yǒu　duō　cháng?

长江　大约　有　五　千　八　百　公里　(长)。
Chángjiāng　dàyuē　yǒu　wǔ　qiān　bā　bǎi　gōnglǐ　(cháng).

6．这　个　消息，你们　那儿　有　不　知道　的　没有?
Zhèi　ge　xiāoxi,　nǐmen　nàr　yǒu　bù　zhīdào　de　méiyou?

我们　这儿　没　有　一　个　人　不　知道。
Wǒmen　zhèr　méi　yǒu　yí　ge　rén　bù　zhīdào.

特殊な動詞"有"をもつ文

日本語と中国語⑶

　“遠慮”という語の日中両言語間の異同について。

　この語は元来「遠い先きをおもんばかる」，「将来のことを考える」という意味で，例えば，『論語・衛霊公』に，「子曰，人無遠慮者，必有近憂」（子曰く，人にして遠き慮り無くば，必ず近き憂い有り）とあり，今日，日本語として用いられる「他人に対して，言動や行動をひかえめにすること」とはかなり差がある。

　因みに日本語の“遠慮する”の意の中国語は〔客气 kèqi〕である。（本文第六課参照）

日本語と中国語⑷

　“豹変”という語の日中両言語間の異同について。

　「君子は豹変す」という中国の古語が，日本では例えば，「態度が一変する」とか，はなはだしきは「悪事を働く」とかに用いたりするが，元来中国では，「君子が過ちを改めて善に移すことがきわだっている」とか，「貧賤から一躍して立身栄達する」ことを表わす。例えば『易経・革』に，「君子豹変，小人革面」（君子は豹のごとく変ず。小人は面を革む。）とある。

　なおこの意味での現代中国語は〔改过 gǎiguò〕とか〔悔改 huǐgǎi〕とか言う。

新华字典 Xīnhuázìdiǎn 固 新華字典
节 jié 量 （文章や事物など区切り・区切られたものを数える）…コマ
只 zhǐ 副 ただ，だけ，わずか
一共 yígòng 副 全部で，合わせて
口 kǒu 量 「家庭の人数を示す」

长江 Chángjiāng 固 長江
大约 dàyuē 副 だいたい，おおよそ，たぶん
公里 gōnglǐ 量 キロメートル
消息 xiāoxi 名 情報，ニュース，便り
那儿 nàr 代 あそこ，そこ

【文型：特殊な動詞 "有" をもつ文】

〔文法〕

① "有" は動詞であるが，動作・行為を表わすのではなく，人を指す名詞あるいは代名詞からなる主語との所属関係を表わす。

例えば，

> 我有一个姐姐和两个弟弟。

のように，その構文は次のとおり。

「人（名詞・代名詞）＋ "有" 〔＋客語〕」

② 主語が①のように人を指す名詞または代名詞である場合のほか，ある空間に人あるいは物がどれほど入っているとか，ある時間内にどれだけの小さな単位が含まれているとかを言い表わす場合，すなわち「……に……が存在している（存在する）」の構造においても "有" を用いて表わす。その構文は次のとおり。

「場所・時間を表わす名詞・代名詞＋ "有" ＋物・人を表わす名詞」

例文をもって示すと，

> 我们大学有很多学生。
>
> 屋子(wūzi)里有两个人。
>
> 一年有十二个月。

　この場合，時間や空間を表わす語句は，人を指す名詞あるいは代名詞と同様，「はなし」の主体であるから，これらも「主語」と見做される。したがって時間や空間を表わす語句の前に，習慣上前置詞をつけない。なお，この文型が示す形式的客語（意味上の主語）は，その表わす機能が未知の情報の提供であり，次課 "在" の用法における既知の指示と対立する。

特殊な動詞〝有〟をもつ文

③ 動詞"是"も"有"と同様，存在を表わす作用がある。この場合の構文も，

「場所・時間詞＋"是"＋物・人」

である。例えば，

前边(qiánbian)是我们的大学。

一年是十二个月。

"有"構文との違いは，これがある所に事物あるいは人が存在することを示すだけであるが，"是"を存在動詞とする文は，話し手がある所に事物が存在していることをすでに知っていて，さらに一歩進めてその事物が何であるかを説明しようとすることを示す。

◇関連語句◇

书架 shūjià	快餐 kuàicān	电子计算机	光盘 guāngpán
台灯 táidēng	客厅 kètīng	diànzǐ jìsuànjī	传真 chuánzhēn
公用电话	厕所 cèsuǒ	电子词典	信息 xìnxī
gōngyòng diànhuà	录音机 lùyīnjī	diànzǐ cídiǎn	因特网 yīntèwǎng
食堂 shítáng	收音机 shōuyīnjī	个人电脑	网吧 wǎngbā
方便店	数码相机	gèrén diànnǎo	
fāngbiàndiàn	shùmǎ xiàngjī	笔记本电脑	
汉堡包 hànbǎobāo	录像机 lùxiàngjī	bǐjìběn diànnǎo	

【練習1】 次のローマ字文を読んで訳しなさい。

1. Nǐmen xuéxiào yǒu duōshao rén?

_____

2. Měi ge rén dōu yǒu zìjǐ de àihào.

_____

3. Tiānqi yùbào shuō míngtiān yīntiān, yǒushí yǒu yǔ.

_____

【練習2】 次の単語を用いて正しい語順に並べ換え，文にしなさい。

1. 有，玩儿，常，吧，时间，来

_____

2. 吗，找，事，你，什么，他，有

_____

3. 个，衣服，四，的，口袋(kǒudài)，我，有

_____

【練習3】 次の文を訳しなさい。

1. 少し用〔用件：事 shì〕がありますので，先に帰ります。

_____

2. わたしには子どもが2人おります。息子が1人と娘が1人です。

_____

3. 今日の午前中はなにか予定〔安排 ānpái〕がありますか。

_____

14

15

16

17

18

19

特殊な動詞〝有〟をもつ文

第17课 公用电话 在 哪里?
Dì shíqī kè　Gōngyòng diànhuà zài nǎli?

65

1. 劳驾, 跟 您 打听 一下儿, 公用 电话 在 哪里?
   Láojià,　gēn　nín　dǎtīng　yíxiàr,　gōngyòng diànhuà zài　nǎli?

   在 一 楼 电动扶梯 旁边儿。
   Zài　yī　lóu　diàndòng fútī　pángbiānr.

2. 你们 的 教研室 在 什么 地方?
   Nǐmen　de　jiàoyánshì　zài　shénme　dìfang?

   在 礼堂 左边儿。
   Zài　lǐtáng　zuǒbianr.

3. 你 的 办公室 在 这里 吗?
   Nǐ　de　bàngōngshì　zài　zhèli　ma?

   不, 在 那 座 大楼 的 三 楼。
   Bù,　zài　nà　zuò　dàlóu　de　sān　lóu.

4. 不好意思, 请问 有 位 姓 王 的 在 这儿 吗?
   Bùhǎoyìsi,　qǐngwèn yǒu　wèi　xìng Wáng de　zài　zhèr　ma?

   不 在 这儿。他 早就 搬到 郊区 去 了。
   Bú　zài　zhèr.　Tā　zǎojiù　bāndao　jiāoqū　qù　le.

5. 对不起, 小张 在 你 这儿 吗?
   Duìbuqǐ,　Xiǎo Zhāng zài　nǐ　zhèr　ma?

   在 啊, 她 在 我 这儿 看 电视 呢。
   Zài　a,　tā　zài　wǒ　zhèr　kàn　diànshì　ne.

劳驾 láojià 動 すみません（が）

跟 gēn 介（行為・動作のかかわる対象を示す）…に，…と

打听 dǎtīng 動 尋ねる，聞く

公用电话 gōngyòng diànhuà 連 公衆電話

在 zài 動 …にある，…にいる

楼 lóu 量 建物の階層，フロア，階

电动扶梯 diàndòng fútī 名 エスカレーター

旁边儿 pángbiānr 名 そば，傍ら

教研室 jiàoyánshì 名 教学研究室

礼堂 lǐtáng 名 講堂

左边儿 zuǒbianr 名 左側，左

办公室 bàngōngshì 名 事務室，オフィス

这里 zhèli 代 ここ，こちら

大楼 dàlóu 名 ビルディング

不好意思 bùhǎoyìsi 慣 恐縮である，恥ずかしい，気がひける

请问 qǐngwèn 慣 お尋ねします，すみませんが…

早就 zǎojiù 副 とっくに

搬（到）bān(dào) 動（…へ）引っ越す

郊区 jiāoqū 名 近郊地区

小 xiǎo 接頭 …君，…さん（ちゃん）

【文型：動詞"在"を用いて存在を表わす文】

〔文法〕

① 「……は……に存在している」を表わす場合，「特定の人・物を表わす名詞・代名詞＋"在"＋場所（方位）詞」の構文のように，存在する人・物が主語に立ち，次に動詞"在"（……にある・いる）が述語としてつづき，そのあとに存在する場所・方位を示す名詞等が客語としてくる。例えば，

　　　　　我的练习本子在桌子上。

この文型が示す主語の意味あいは，既知の情報の提供である。

② 方位詞のいろいろ

　　　　　〔参考〕参照

③ 方位詞"里（边儿）"の使い方

　　　　　〔参考〕注④参照

④ 人を指す名詞または代名詞を客語とするときは，その名詞または代名詞のあとに"这儿"や"那儿"をつけ加えて，これを場所を指す客語に変えなければならない。例えば，

　　　　　我的小说在小李（Lǐ）那儿。

◇関連語句◇

地址 dìzhǐ	楼上 lóushàng	饭厅 fàntīng	电梯 diàntī
房子 fángzi	楼下 lóuxià	超市 chāoshì	电话簿 diànhuàbù
院子 yuànzi	饭店 fàndiàn	邮局 yóujú	电话号码儿
公司 gōngsī	旅馆 lǚguǎn	楼梯 lóutī	diànhuà hàomǎr

動詞"在"を用いて存在を表す文

〔参考〕

方位詞・場所名詞

A	B	
上	上边儿(shàngbianr)	うえ
下	下边儿(xiàbianr)	した
前	前边儿(qiánbianr)	まえ
后	后边儿(hòubianr)	うしろ
里	里边儿(lǐbianr)	なか
外	外边儿(wàibianr)	そと
旁	旁边儿(pángbiānr)	そば

(注)
① A類は虚詞(附属語)。したがって自立し得ず。
② B類は実詞(自立語)。主語，客語，限定語，中心語たり得。
　　例えば，　外边儿很冷。　他在里边儿。　上边儿的中文书是我的。
　　　　　　　椅子在桌子旁边儿。
③　中心語としての"里边儿"，"上边儿"はそれぞれ"里"，"上"と省略可。
④　"里(边儿)"は地理名詞のあとにはつかない。例えば，他们在北京。
　　ただし，建物や機関・団体の所在地等を示す名詞が，"在"のあとに用いられて「在
　　……里(边儿)」を言い表わそうとするときは，"里(边儿)"をつけてもつけなくても
　　よい。例えば，
　　　　　　　他们都在教室(里边儿)学习中文。
　　なお，一般の名詞は各種の方位をとり得るので，それぞれの方位詞を必要とす
　　る。したがってこの場合には"里(边儿)"は省けない。
　　例えば，　我的功课表(gōngkèbiǎo)在书里(边儿)。
　　　　　　　我的钢笔在桌子的抽屉(chōuti)里(边儿)。
⑤　"旁边儿"のほかは，"边儿"を"面"あるいは"头"に置き換えることができる。
⑥　B類は名詞を修飾するときは，助詞"的"を必要とする。名詞に修飾されるとき
　　は"的"は不要。

【練習1】次のローマ字文を読んで訳しなさい。

1．Tóngxué, túshūguǎn zài shénme dìfang？

_____

2．Shū zài shàngbianr, zázhì zài xiàbianr.

_____

3．Bāokuò nǐ zài nèi yǒu shí ge rén.

_____

【練習2】次の単語を用いて正しい語順に並べ換え，文にしなさい。

1．这儿，寄(jì)，是，吗，包裹，在

_____

2．这条，的，西边(xībian)，我们，街，在，的，大学

_____

3．你们，吗，中国，在，那儿，朋友

_____

【練習3】次の文を訳しなさい。

1．張先生のオフィスはここでは〔ここに〕ありませんか。

_____

2．わたしのノートはここにありません。陳さん〔小陈 XiǎoChén；老陈〕のところにあります。

_____

3．わたしは10歳までずっと〔一直 yìzhí〕中国にいました。

_____

14

15

16

17

18

19

動詞“在”を用いて存在を表す文

第18课　你　今天　来得　很　早！
Dì shíbā kè　Nǐ　jīntiān　láide　hěn　zǎo!

67

1．你　今天　来得　很　早!
Nǐ　jīntiān　láide　hěn　zǎo!

是　啊。因为　今天　早上　我　起得　早　一点儿。
Shì　a.　Yīnwei　jīntiān　zǎoshang　wǒ　qǐde　zǎo　yìdiǎnr.

2．近来　你　的　工作　做得　怎么样?
Jìnlái　nǐ　de　gōngzuò　zuòde　zěnmeyàng?

我　的　工作　做得　不　太　顺利，你　呢?
Wǒ　de　gōngzuò　zuòde　bú　tài　shùnlì,　nǐ　ne?

3．听说　你　唱　中国　民歌　唱得　很　不　错。
Tīngshuō　nǐ　chàng　Zhōngguó　míngē　chàngde　hěn　bú　cuò.

唱　是　唱，可是　我　唱得　不　怎么　好。
Chàng　shì　chàng,　kěshì　wǒ　chàngde　bù　zěnme　hǎo.

4．他　来得　怎么　这么　晚　呢?
Tā　láide　zěnme　zhème　wǎn　ne?

希望　他　在　路　上　不　出　事　就　好　了。
Xīwàng　tā　zài　lù　shang　bù　chū　shì　jiù　hǎo　le.

5．近来　你　忙　不　忙?
Jìnlái　nǐ　máng　bu　mang?

我　忙得　连　去　看　电影　的　工夫　也　没　有。
Wǒ　mángde　lián　qù　kàn　diànyǐng　de　gōngfu　yě　méi　yǒu.

〜得 ~de 構助「動詞あるいは形容詞の
　後に用いられて，結果あるいは程度を
　表わす補語を導く」
起 qǐ 動 起きる，起き上がる
順利 shùnlì 形 順調である，スムーズで
　ある
民歌 míngē 名 民歌，民謡

晩 wǎn 形 遅い
出事 chūshì 動 事故や事件が起きる
忙 máng 形 忙しい
连 lián 介 …さえも，…すらも（普通"都"，
　"也"で受ける）
工夫 gōngfu 名 時間，ひま

【文型：程度補語をもつ文】

〔文法〕

　限定語や状況語は中心語の前に置かれるが，補語は中心語の後に置かれて，動詞や形容詞の意味を補う。この場合の動詞や形容詞は中心語となる。ある動作がどの程度に達したか，またはどういう結果になったかを言い表わそうとする場合，動詞の後に程度を表わす補語を置く。このときの動作行為は，多くの場合確認された事実であることが必要で，すでに完了した動作か，もしくは常に発生する動作である。例えば，

　　　　　　　他今天早上起得很早。　　　他说得很快。

　程度補語文は次の諸点に注意しなければならない。

① 程度補語と中心語との間に，構造助詞"得"を用いてつながなければならない。

② 程度補語に立つものは主として形容詞である。この形容詞もしくは形容詞句のほか，程度補語として複雑な文がくることもある。例えば，

　　　　　　　他说得大家都笑(xiào)起来了。

③ 動詞が客語を伴っている場合，程度を表わす補語を加えるには，動詞をくりかえし，つぎに助詞"得"と補語をつけ加える。例えば，

　　　　　　　他写字写得很整齐。

　　もし動詞をくりかえさない場合には，客語を動詞の前，あるいは文頭に出さなければならない。例えば，

　　　　　　　他汉字写得很整齐。

　　　　　　　汉字他写得很整齐。

④ 否定文にするには，否定詞"不"を補語の前につける。例えば，

　　　　　　　他写得不整齐。

　　　　　　　他走路走得不快。

⑤ 反復疑問文では，補語の部分を肯定形と否定形を並列する。例えば，

　　　　　　　你每天早上起来得早不早?

⑥ 上述のとおり，この種の文の特徴として動作・行為は多くの場合，すでに完了したものか，確認された事実であるので，動作の発生は過去に属すが，しかし"了"は用いない。

68

14
15
16
17
18
19

程度補語をもつ文

⑦　形容詞が中心語となって，その形容詞の後に"得"をつけて，さらにその
後に程度を言い表わす語がくるというのもある。例えば，

　　　　　这货(huò)好得很。　　我头疼(téng)得利害(lìhai)。

　　　　　他冷得发抖(fādǒu)。

```
──◇関連語句◇────────────────────────────────
愉快  yúkuài      安静  ānjìng      简单  jiǎndān     痛快  tòngkuai
拥挤  yōngjǐ      高兴  gāoxìng     复杂  fùzá        讨厌  tǎoyàn
闷热  mēnrè       热烈  rèliè       坚强  jiānqiáng   辛苦  xīnkǔ
结实  jiēshi      正确  zhèngquè    软弱  ruǎnruò     严重  yánzhòng
```

〔参考〕

１．他回答(huídá)老师的问题回答得也很对(duì)。

２．每天他醒(xǐng)得很早，可是起来得很晚。

３．我记(jì)得清清楚楚(qīngqingchǔchǔ)，他的确(díquè)是这样告诉我的。

４．他笑得眼泪(yǎnlèi)都流出来(liúchulai)了。

５．我累(lèi)得说不出话来。

６．她长(zhǎng)得很漂亮。

７．这间房子清静(qīngjìng)得很。

【練習1】次のローマ字文を読んで訳しなさい。

1．Nǐ láide zhèng hǎo, wǒ zhèng yào qù zhǎo nǐ.

_____

2．Nà ge háizi zhǎngde tài pàng le.

_____

3．Nǐ kàn zhè běn shū xiěde zěnmeyàng?

_____

【練習2】次の文を読んで訳しなさい。

1．他家住得很拥挤。

_____

2．这件事，我看你做得有些不恰当。

_____

3．今天晚上的节目真不错，我看得很满意。

_____

【練習3】次の文を訳しなさい。

1．わたしの仕事は順調に発展し〔开展 kāizhǎn〕ています。

_____

2．この芝居〔(芝居の量詞)：出 chū〕はとてもおもしろくて，わたしは(見て)
　ほんとうに堪能〔过瘾 guòyǐn〕しました。

_____

3．わたしは嬉しくて躍りあが〔飛びあがる：跳起来 tiàoqǐlai〕った。

_____

69

甲：请 进！
Jiǎ： Qǐng jìn!

乙：你 好！
Yǐ： Nǐ hǎo!

甲：你 好！ 请 坐！
Nǐ hǎo! Qǐng zuò!

乙：谢谢。 你 的 家 在 哪儿？
Xièxie. Nǐ de jiā zài nǎr?

甲：我 的 家 在 上海。
Wǒ de jiā zài Shànghǎi.

乙：你 家 有 什么 人？
Nǐ jiā yǒu shénme rén?

甲：我 家 有 父亲 和 母亲。
Wǒ jiā yǒu fùqin hé mǔqin.

乙：你 没 有 兄弟 姐妹 吗？
Nǐ méi yǒu xiōngdì jiěmèi ma?

甲：我 只 有 一 个 妹妹。
Wǒ zhǐ yǒu yí ge mèimei.

乙：你 父亲 在 哪儿 工作？
Nǐ fùqin zài nǎr gōngzuò?

甲：他 在 一 个 贸易 公司 工作。
Tā zài yí ge màoyì gōngsī gōngzuò.

◇新出单語◇

家庭 jiātíng 名 家庭　　　　姐妹 jiěmèi 名 姉妹

上海 Shànghǎi 固 上海　　　贸易 màoyì 名 貿易

兄弟 xiōngdì 名 兄弟

70

会话(4)　在　商店
Huìhuà　　Zài　shāngdiàn

甲：你　好！
Jiǎ：　Nǐ　hǎo!

乙：你　好！
Yǐ：　Nǐ　hǎo!

甲：你　买　什么？
Nǐ　mǎi　shénme?

乙：我　要　买　一　条　裤子。
Wǒ　yào　mǎi　yì　tiáo　kùzi.

甲：你　试试　这　条。
Nǐ　shìshi　zhè　tiáo.

乙：有点儿　大，请　把　别　的　拿给　我　试试。
Yǒudiǎnr　dà,　qǐng　bǎ　bié　de　nágei　wǒ　shìshi.

甲：这　条　怎么样？
Zhè　tiáo　zěnmeyàng?

乙：这　条　正　合适，多少　钱？
Zhè　tiáo　zhèng　héshì,　duōshao　qián?

甲：二　百　六十五　块　五。
Èr　bǎi　liùshiwǔ　kuài　wǔ.

乙：这　种　太贵了，有　没　有　再　便宜　一点儿　的？
Zhè　zhǒng　tài　guì　le,　yǒu　méi　yǒu　zài　piányi　yìdiǎnr　de?

甲：这　种　一　百　四十　块　三，又　便宜　又　好。
Zhè　zhǒng　yì　bǎi　sìshi　kuài　sān,　yòu　piányi　yòu　hǎo.

乙：好，就　买　这　条。
Hǎo,　jiù　mǎi　zhè　tiáo.

甲：谢谢　您。
Xièxie　nín.

◇新出単語◇

裤子 kùzi 名 ズボン，スラックス，パン
ツ

试 shì 動 試みる，試す

大 dà 形 大きい

把 bǎ 介 …を（…する）

别 bié 形 ほかの，別の

合适 héshì 形 ふさわしい，ぴったりし
ている

贵 guì 形 値が高い

商店 shāngdiàn 名 商店

参照

〔会話(3)〕

①　"在"：動詞用法は第17課，介詞用法は第8課(本文5)，第13課(文法①)，第24課(文法②)参照。

②　"有"：第16課

〔会話(4)〕

　"把"は処置を表わす介詞であるが，その用法については，第23課参照。

中国語「ことばのあそび」(1)

―― 歇 后 语 （しゃれことば）――
　　xiē hòu yǔ

　これは，しゃれことばの一種で，上の句と下の句の意味を推測させるものをいう。つまり〔歇后〕とは，「下の句を言わない」でその意味が理解されるのでこの名がある。

①　"狗 拿 耗子，〔多 管 闲事〕"。
　　"Gǒu ná hàozi，〔duō guǎn xiánshì〕。"

　　犬が鼠をとる，（余計なおせっかいだ）。

②　"孔夫子 搬家，〔竟 是 书(输)〕"。
　　"Kǒngfūzǐ bān jiā，〔jìng shì shū(shū)〕。"

　　孔子さまの引越し，（書物ばかりだ）。

　　"书"は"输"に通じ，"竟是输"で「負けてばかりいる」の意。

③　"一连 下了 三 月 雨，〔少 晴(情)〕"。
　　"Yìlián xiàle sān yuè yǔ，〔shǎo qíng(qíng)〕。"

　　ぶっつづけに三カ月も雨が降る，（晴天がない）。

　　"晴"は"情"に通じ，"少情"で「薄情」の意。

73

1. 你 父亲 身体 好 吗?
Nǐ　fùqin　shēntǐ　hǎo　ma?

谢谢, 他 年纪 大 了, 但是 身体 倒 很 健康。
Xièxie, tā niánji dà le, dànshi shēntǐ dào hěn jiànkāng.

2. 这 些 日子 你 工作 怎么样?
Zhè xiē rìzi nǐ gōngzuò zěnmeyàng?

最近 我 工作 不 大 顺利。
Zuìjìn wǒ gōngzuo bù dà shùnlì.

3. 你 昨天 怎么 没 来 呢?
Nǐ zuótiān zěnme méi lái ne?

对不起, 我 身体 有点儿 不 舒服。
Duìbuqǐ, wǒ shēntǐ yǒudiǎnr bù shūfu.

4. 烟酒, 你 都 能 来 吧?
Yānjiǔ, nǐ dōu néng lái ba?

酒 我 多少 能 喝 一点儿, 烟 我 倒 从来 不
Jiǔ wǒ duōshǎo néng hē yìdiǎnr, yān wǒ dào cónglái bú

动。
dòng.

5. 你们 大学 规模 怎么样?
Nǐmen dàxué guīmó zěnmeyàng?

我们 大学 规模 比较 大, 学生 也 很 多。
Wǒmen dàxué guīmó bǐjiào dà, xuésheng yě hěn duō.

20

21

22

23

24

25

主述述語文

◇新出単語◇ ─────────

但是 dànshì 接 しかし，だが	从来 cónglái 副 今まで，これまで
健康 jiànkāng 形 健康である	动 dòng 動 手を触れる，手をつける，
日子 rìzi 名 日にち，期日	動かす
舒服 shūfu 形 気持ちがよい，快適であ	规模 guīmó 名 規模
る	比较 bǐjiào 副 比較的，わりあいに
多少 duōshǎo 名 多少，幾らか	

【文型：主述述語文】

主述構造が述語の要素となる文を主述述語文という。

〔文法〕

① 主述構造の中の主語が表わす人や事物は，文全体の主語が表わす人や事物
の一部をなすことが多い。例えば，

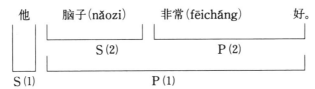

② このほか文頭の語とは，その一部分をなすものでなければ，直接的な対立
関係をもつものでない主述構造中の主語もある。例えば，

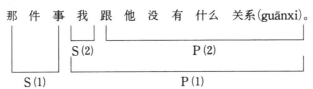

このような文頭に立つ語も，中国語の「主語」として，主述構造の述語に
対立するものと見なされる。なお，本来客語であったものが，強調等を目的
として文頭に立つものがあるが（本文4.），この場合も広義の主語と考える。
例えば，

　　　　別人的事，我不能管(guǎn)。

主語論に関する以上のような考え方は，実は中国語が，日本語とほとんど
同様，「場面依存性」の強い，つまり「言語外的脈絡」に依存する言語的性格
を強く持っているため，それが必ずしも常に動作・状態の主体を要求すると
は限らず，むしろ場面との対応関係から，その場でとりあげられる「主題」
が文の構成に重要な要素となる。従って，「主語─述語」というよりは「主題
(topic)─説明(comment)」の関係が成り立つものと考えられることに依る。

── 96 ──

经验丰富	花布好看	尺寸瘦〔肥〕	气色很好
jīngyàn fēngfù	huābù hǎokàn	chǐcun shòu〔féi〕	qìsè hěnhǎo
学问高明	血压正常	肚子饿 dùzi è	
xuéwèn gāomíng	xuèyā zhèngcháng	头晕 tóu yūn	
样子合适	颜色粉红	买卖顺利	
yàngzi héshì	yánsè fěnhóng	mǎimai shùnlì	

参照　本文中 4 ."能" は第22課。

20 21 22 23 24 25

主述述語文

中国語「ことばのあそび」(2)

―― 绕　口　令 （早口ことば）――
rào　kǒu　lìng

① 〔ma〕 Māma qí mǎ, mǎ màn, māma mà mǎ.
妈妈　骑马，马　慢，妈妈　骂马。

② 〔niu〕 Niūniu hǒng niú, niú niù, niūniu niǔ niú.
妞妞　哄牛，牛　拗，妞妞　扭牛。

③ 〔si; shi〕 shísì shì shísì,　　十四　是　十四，
sìshí shì sìshí,　　四十　是　四十，
shísì bú shì sìshí,　十四　不　是　四十，
sìshí bú shì shísì.　四十　不　是　十四。

【練習1】次の文を読んで訳しなさい。

 1．生活上的事，你不必操心。

 _____

 2．小王学习外国话很用功。

 _____

 3．"雷锋"这个名字，我可早就熟极了。

 _____

 4．我近来身体有点儿不得劲，哪儿都不想去。

 _____

【練習2】次の文を訳しなさい。

 1．この種の服は，私はあまり好きではありません。

 _____

 2．彼は中国語の話し方がまあまあです〔还可以 hái kěyǐ〕。

 _____

 3．この件〔这件事 zhè jiàn shì〕は知っている人がとても多い。

 _____

 4．彼女は背たけ〔からだつき：身材 shēncái〕が高からず低〔矮 ǎi〕からず，
　とてもすらっとしている〔スマートである：苗条 miáotiao〕。

 _____

75

1. 外边　还　下着　雨　吗？
   Wàibian　hái　xiàzhe　yǔ　ma?

   还　下着　呢。
   Hái　xiàzhe　ne.

2. 雨　下　大　了，你　就　要　走　吗？
   Yǔ　xià　dà　le,　nǐ　jiù　yào　zǒu　ma?

   我　有　一　件　要紧　的　事，总　得　出门儿。
   Wǒ　yǒu　yì　jiàn　yàojǐn　de　shì,　zǒng　děi　chūménr.

3. 你　不要　出去　了，外边　又　刮起　风　来　了。
   Nǐ　búyào　chūqu　le,　wàibian　yòu　guāqi　fēng　lai　le.

   那么，等　雨　停　了　再　出去　吧。
   Nàme,　děng　yǔ　tíng　le　zài　chūqu　ba.

4. 他　家里　墙上　挂着　什么　画儿　没有？
   Tā　jiāli　qiángshang　guàzhe　shénme　huàr　méiyou?

   什么　画儿　也　没　有　挂着，只　挂着　一　张
   Shénme　huàr　yě　méi　yǒu　guàzhe,　zhǐ　guàzhe　yì　zhāng

   中国　地图。
   Zhōngguó　dìtú.

5. 昨天　晚上　你　家里　来了　几　位　客人？
   Zuótiān　wǎnshang　nǐ　jiāli　láile　jǐ　wèi　kèren?

   来了　五　位。
   Láile　wǔ　wèi.

20
21
22
23
24
25

现象文

— 99 —

◇新出単語◇

要紧 yàojǐn 形 重要である，重大である
总 zǒng 副 どうあっても，必ず，やはり
得 děi 助動 …しなければならない
出门儿 chūménr 動 外出する，家を離れて遠くへ行く
不要 búyào 副 …してはいけない，…するな

那么 nàme 接 では，それなら
等 děng 動 待つ，…してから，…を待って
墙 qiáng 名 壁，塀
挂 guà 動 掛ける，掛かる
客人 kèren 名 客，訪問者

【文型：現象文】

　人あるいは事物がある場所または時間内において，存在・出現・消失を表わすような動詞文があるが，このような文を現象文（または「存現文」）という。

〔文法〕

　この種の構文の語順は次のとおりである。

「場所（または時間）を示す語句＋動詞＋人または事物を示す語句」

この場合，次の諸点に注意しなければならない。

① 　文頭に場所または時間を表わす語句がくる。ただし，場所を表わす名詞に方位詞がつく。

② 　動詞に，「～着」「～了」等の時態助詞のほか，結果あるいは方向を示す補語がつく。

③ 　文末にくる客語，すなわち人や事物を表わす名詞は，一般に不特定のものである。

　　例えば，　　房间里挂着很多画儿。
　　　　　　　　书架上放着许多中文书。
　　　　　　　　昨天来了一个中国朋友。
　　　　　　　　校门（xiàomén）里跑出来（pǎochulai）十几个女学生。
　　　　　　　　他们宿舍里搬走了一个同学。
　　　　　　　　这本词典掉（diào）了两页（yè）。

④ 　なお本文1.3.のような自然現象の表現も現象文に属する。しかし，ここでは主題語としての場所を示す語が提示されているが，このような自然現象を表わす場合，一般に無主語の文が多い。例えば，

　　　　　　　　下雨了！
　　　　　　　　刮起风来了。

⑤ 　ただし，表出される現象の対象が既知の事物である場合は，それは一般の動詞述語文での主語の位置と同じである（本文2.3.参照）。例えば，

　　　　　　　　雨下大了，风也刮得很厉害（lìhai）。

◇関連語句◇

新闻 xīnwén	雨住 yǔ zhù	放晴 fàngqíng	发烧 fāshāo
报导 bàodǎo	风住 fēng zhù	打闪 dǎshǎn	害病 hài bìng
天亮 tiān liàng	地动 dìdòng	着火 zháo huǒ	
天黑 tiān hēi	变天 biàn tiān	发亮 fāliàng	

20

21

22

23

24

25

現象文

【練習1】次のローマ字文を読んで訳しなさい。

1．Chuānghu wàimiàn shì yí ge xiǎoxiǎo de huāyuán.

_____

2．Bànyè li wūwài qǐle fēng.

_____

3．Wǒmen dàxué xīn láile yí ge jiāo Zhōngwén de lǎoshī.

_____

【練習2】次の単語を用いて正しい語順に並べ換え，文にしなさい。

1．着，个，屋子，十，坐〔zuò〕，人，里，多

_____

2．新闻，出，一，里，了，村子〔cūnzi〕，条

_____

3．那本，他，上，名字，着，字典，的，写

_____

【練習3】次の文を訳しなさい。

1．わたしたちのクラス〔班 bān〕に新しいクラスメートが二人来ました。

_____

2．本棚から本が二冊失くなった。

_____

3．きみたちの宿舎に人が何人住んでいますか。

_____

第22课 你 能 看 中文 报 吗?
Dì èrshíèr kè　Nǐ　néng　kàn　Zhōngwén　bào　ma?

助動詞〈能願動詞〉文

🔊
77

1. 你 能 看 中文 报 吗?
Nǐ　néng　kàn　Zhōngwén　bào　ma?

还 不 能。我 就 会 说 几 句。
Hái　bù　néng.　Wǒ　jiù　huì　shuō　jǐ　jù.

2. 咱们 今天 晚上 一起 去 看 电影, 好 不 好?
Zánmen　jīntiān　wǎnshang　yìqǐ　qù　kàn　diànyǐng,　hǎo　bu　hǎo?

今天 晚上 我 不 学习, 能〔可以〕去 看 电影。
Jīntiān　wǎnshang　wǒ　bù　xuéxí,　néng〔kěyǐ〕　qù　kàn　diànyǐng.

3. 这 是 中国 茅台酒, 请 喝 点儿 吧!
Zhè　shì　Zhōngguó　Máotáijiǔ,　qǐng　hē　diǎnr　ba!

谢谢 你, 我 不 能 喝 像 茅台酒 这样 的
Xièxie　nǐ,　wǒ　bù　néng　hē　xiàng　Máotáijiǔ　zhèyàng　de

烈酒, 只 会 喝 一点儿 葡萄酒。
lièjiǔ,　zhǐ　huì　hē　yìdiǎnr　pútaojiǔ.

4. 你 要 吃 点儿 什么?
Nǐ　yào　chī　diǎnr　shénme?

我 吃 点儿 饺子, 还 要 吃 烧卖。你 想 吃
Wǒ　chī　diǎnr　jiǎozi,　hái　yào　chī　shāomài.　Nǐ　xiǎng　chī

什么?
shénme?

20 21 22 23 24 25

助動詞〈能願動詞〉文

5. 我们 快 放 寒假 了。放了 假，我们 怎么 过
Wǒmen kuài fàng hánjià le. Fàngle jià, wǒmen zěnme guò

好 呢？
hǎo ne?

我们 应该 看 点儿 书，也 要 常常 去 滑
Wǒmen yīnggāi kàn diǎnr shū, yě yào chángcháng qù huá

冰、滑 雪，锻练 身体。
bīng、huá xuě, duànliàn shēntǐ.

句 jù 量「言葉や文を数える」

会 huì 助動（練習やトレーニングの結果）
　できる

茅台酒 Máotáijiǔ 名 マオタイ酒

像 xiàng 動 似ている，…みたいだ

烈酒 lièjiǔ 名 きつい酒

葡萄酒 pútaojiǔ 名 ブドウ酒，ワイン

饺子 jiǎozi 名 ギョーザ

烧卖 shāomài 名 シュウマイ

寒假 hánjià 名 冬休み

放假 fàngjià 動 休みになる

应该 yīnggāi 助動 …しなければならない，…すべきである

滑 huá 動 滑る

冰 bīng 名 氷

锻炼 duànliàn 動 体を鍛える

【文型：助動詞（能願動詞）文】

〔文法〕

① 可能を表わすもの

　1）“能”，“可以”

　　a．「能力」「条件」「許可」等を表わす。

　　　　　他能〔可以〕说中国话。

　　　　　我现在不学习，能〔可以〕去买东西。

　　　　　这里能〔可以〕抽烟。

　　b．否定形は三者とも“不能”，ただし，「許可」については，ほかに“不可以”も可。例えば，

　　　　　你们不能〔不可以〕在教室里随便(suíbiàn)谈话。

　　c．疑問形は三者とも“能不能?”“能吗?”“可以吗?”。ただし，「許可」については，ほかに“可以不可以?”も可。例えば，

　　　　　你能不能〔可以不可以〕教我中国话?

　2）“会”

　　a．修練を積んで，ある能力や技術を身につけたことを表わす。

　　　　　你会唱中国歌儿吗?

　　b．このほか可能性の有無を表わすことがある。

　　　　　他现在不会在教室里。

② 意志を表わすもの

　“要”（主観的要求）

　　　　　我要到书店去买中文书。

　ただし，否定式には一般に“不想”を用いる。

　　　　　我不想出去吃饭。

③ 必要を表わすもの

 1)“要”（客観的必要性）

　　　　念生词（shēngcí）要注意（zhùyì）声调（shēngdiào）。

　　ただし，否定式には一般に“不用”を用いる。

　　　　你不用去买东西。

 2)“应该”（道理上・習慣上の必要性）

　　　　学习中文，应该注意（zhùyì）学习方法（fāngfǎ）。

┌─◇関連語句◇─────────────────────────────

包饺子 bāo jiǎozi　　讲外文　　　　　穿衣服 chuān yīfu　　演出戏剧

做菜 zuò cài　　　　　jiǎng wàiwén　用筷子　　　　　　　yǎnchū xìjù

读报 dú bào　　　　打球 dǎ qiú　　　　　yòng kuàizi　　介绍情况

　　　　　　　　　打电报 dǎ diànbào　　　　　　　jièshào qíngkuàng

└────────────────────────────────────

【練習 1】 次の文を読んで訳しなさい。

1．我的学习能有进步，都亏了您的协助。

　　_____

2．请告诉我哪里可以打长途电话。

　　_____

3．我相信我们一定会见面的。

　　_____

【練習 2】 言い換え練習をしなさい。

1．我可以进来吗？

> 走，问你，抽烟(chōu yān)，
> 去，喝茶，照相

2．你会不会说汉语？

> 英语，日语，法语，德语

【練習 3】 次の文を訳しなさい。

1．彼は病気がひどくて，ものが食べられないそうです。

　　_____

2．みなさん何か問題がございましたら，いつでも〔随时 suíshí〕ご質問して
　　いただいて結構です。

　　_____

3．わたしはもう飲めません，これ以上飲むと酔〔醉 zuì〕っぱらってしまい
　　ます。

　　_____

4．もうしばらく待ちましょう。彼はきっと来ます〔来るはずです〕から。

　　_____

複雑な述語をもつ構文 (1)

79

1. 你　多　吃　点儿　吧，不要　客气!
Nǐ　duō　chī　diǎnr　ba, búyào　kèqi!

我　吃饱　了，请　把　手巾把儿　递给　我　吧。
Wǒ　chībǎo　le, qǐng　bǎ　shǒujīnbǎr　dìgei　wǒ　ba.

2. 寒假　的　作业　做完　了　吗?
Hánjià　de　zuòyè　zuòwán　le　ma?

我　已经　把　它　做好　了，你　呢?
Wǒ　yǐjīng　bǎ　tā　zuòhǎo　le, nǐ　ne?

3. 我　不　知道　往后　怎么　通知　你　好。
Wǒ　bù　zhīdào　wǎnghòu　zěnme　tōngzhī　nǐ　hǎo.

不要紧!　我　把　我　的　住址　和　电话　号码　告诉
Búyàojǐn!　Wǒ　bǎ　wǒ　de　zhùzhǐ　hé　diànhuà　hàomǎ　gàosu

你。
nǐ.

4. 你　为什么　还　不　把　这　些　东西　搬出去?
Nǐ　wèishénme　hái　bù　bǎ　zhè　xiē　dōngxi　bānchuqu?

我　一　个　人　怎么　能　把　这么　多　的　东西
Wǒ　yí　ge　rén　zěnme　néng　bǎ　zhème　duō　de　dōngxi

搬出去　呢?
bānchuqu　ne?

5. 请　把　这　些　行李　送到　我　房间　里　去，好
Qǐng　bǎ　zhè　xiē　xíngli　sòngdao　wǒ　fángjiān　li　qù, hǎo

不　好?
bu　hǎo?

好!　我　这　就　帮　你　拿　吧。
Hǎo!　Wǒ　zhè　jiù　bāng　nǐ　ná　ba.

吃饱 chībǎo 動 腹いっぱいに食べる　　　　　　かまわない

手巾把儿 shǒujīnbǎr 名 おしぼり　　　　住址 zhùzhǐ 名 住所，所番地

递给 dìgei 動 (物を) 手渡す　　　　　　为什么 wèishénme 代 どうして，なぜ

往后 wǎnghòu 副 今後，これから　　　行李 xíngli 名 荷物

通知 tōngzhī 動 通知する　　　　　　这就 zhèjiù 連 これからすぐ，今すぐ

不要紧 búyàojǐn 慣 たいしたことはない，　　帮 bāng 動 助ける，手伝う

【文型：複雑な述語をもつ構文⑴】処置式

〔文法〕

　中国語の独自な文型で，その基本的機能は，前置詞"把"の働きを借り，客語を述語動詞の前に移すことによって，その客語の示す事物に対して何らかの処置やその結果を強調することにある。その語順は次のとおりである。

「主語＋"把"＋客語＋動詞＋他の要素」

"把"構文を用いるとき，次のいくつかの点に注意しなければならない。

① 動詞は他動詞で，しかも何らかの処置が加えられるとか，支配するという積極的な意味をもつものでなければならない。

　処置の意味をもたない動詞，例えば，"有"，"在"，"是"，"来"，"去"，"进"，"回"，"觉得(juéde)"，"知道"，"看见"，"欢迎"，"经过(jīngguò)"などは，"把"構文には使えない。

② 客語は，一般に話し手にとって既知で特定のものでなければならない。例えば，

　　　　　我从桌子上拿起来一本书。

　　　　　我从桌子上把那本书拿起来。

③ 動詞の後に必ず何らかの他の要素をつけるか，動詞を繰り返すかしなければならない。

　　　　　你替(tì)我把那幅(fú)画买来。

　　　　　你把作业收齐(shōuqí)了交来(jiāolai)吧。

　　　　　大家都应该把语法复习(fùxí)复习。

　ただし，前に助動詞などがあって動詞のあとに他の要素をつけなくてもよい少数の例がある。しかし，これは動詞自体が処置とその結果を含んでいる二音節の動詞に限られる。例えば，

　　　　　我们一定要把这些困难克服(kèfú)。

　　　　　他没有把那个原委(yuánwěi)说明(shuōmíng)。

④ 否定の副詞や能願動詞は"把"の前におかなければならない。

　　　　　他没有把事情(shìqing)的原因(yuányīn)告诉我。

　　　　　我们一定要把中文学好(xuéhǎo)！

— 109 —

複雑な述語をもつ構文 ⑴

⑤　動詞の後に“在”，“到”，“成”などの結果補語が後接する場合，それぞれ
の関係が密接で切り離すことができないので，“把”を用いて客語を前に出さ
ないわけにはいかない。例えば，

他把他自己的上衣（shàngyī）挂在衣架（yījià）上。

请把这些中文句子（jùzi）译成（yìchéng）日文。

```
┌─ ◇関連語句◇ ─────────────────────────────────────
│ 联系 liánxì        买好票          完成任务         收拾房间
│ 临时工作           mǎihǎo piào    wánchéng rènwu   shōushi fángjiān
│   línshí gōngzuò   解决问题        学会技术         弄脏毛巾
│ 留作业 liú zuòyè    jiějué wèntí   xuéhuì jìshù     nòngzāng máojīn
│ 记生词 jì shēngcí   挂地图 guà dìtú  整理衣服
│ 寄信 jì xìn                       zhěnglǐ yīfu
└──────────────────────────────────────────────────
```

【練習1】次のローマ字文を読んで訳しなさい。

1．Qǐng bǎ chē kāidao lǚguǎn ménkǒu.

_____

2．Wǒ méi yǒu bǎ yào chīwán, bìng jiù hǎo le.

_____

3．Wǒmen bǎ zhè ge wèntí tǎolùn yíxiàr ba！

_____

【練習2】次の単語を用いて正しい語順に並べ換え，文にしなさい。

1．信，了，的，我，放在，把，桌子上，你

_____

2．我，他，小说，那，要，借给，本，把

_____

3．还，把，看完，本，没，书，我，那

_____

【練習3】次の文を訳しなさい。

1．すみません，その新聞をわたしにとっていただけませんか。

_____

2．昨日の新聞をどこに置き忘れ〔落在〜làzai〜〕たのか思い出せません〔想不起来 xiǎngbuqǐlai〕。

_____

3．わたしはこの字典を彼にプレゼントしようと思います。

_____

20
21
22
23
24
25

複雑な述語をもつ構文 (1)

複雑な述語をもつ構文 (2)

81

1. 你　的　日文　是　在　哪儿　学　的?
Nǐ　de　Rìwén　shì　zài　nǎr　xué　de?

我　是　在　中国　学　的　日文。
Wǒ　shì　zài　Zhōngguó　xué　de　Rìwén.

2. 她　也　是　昨天　来　的　吗?
Tā　yě　shì　zuótiān　lái　de　ma?

她　不　是　昨天　来　的,　是　前天　晚上　来　的。
Tā　bú　shì　zuótiān　lái　de,　shì　qiántiān　wǎnshang　lái　de.

3. 你们　是　怎么　来　的?　坐　火车　来　的　吗?
Nǐmen　shì　zěnme　lái　de?　Zuò　huǒchē　lái　de　ma?

不,　坐　飞机　来　的。我们　是　跟　科学　代表团
Bù,　zuò　fēijī　lái　de.　Wǒmen　shì　gēn　kēxué　dàibiǎotuán

一起　来　的。
yìqǐ　lái　de.

4. 你　跟　我　哥哥　一样　大　吧?
Nǐ　gēn　wǒ　gēge　yíyàng　dà　ba?

不,　我　比　他　大　得　多,　我　已经　三十　二　岁　了。
Bù,　wǒ　bǐ　tā　dà　de　duō,　wǒ　yǐjīng　sānshi　èr　suì　le.

5. 你　有　她　那么　会　唱　歌儿　吗?
Nǐ　yǒu　tā　nàme　huì　chàng　gēr　ma?

不,　我　唱得　没　有　她　那么　好。
Bù,　wǒ　chàngde　méi　yǒu　tā　nàme　hǎo.

◇新出単語◇

火车 huǒchē 图 汽車，列車
科学 kēxué 图 科学
代表团 dàibiǎotuán 图 代表団

一样 yíyàng 形 同じである，一様である
比 bǐ 介 …より，…に比べて

【文型：複雑な述語をもつ構文(2)】“是……的”構文および介詞構造

〔文法〕

① “是……的”の構文

　　動作が完了していて，その動作の行なわれた時間・場所・方法などを強調しようとする場合，“是……的”の構文を用いる。例えば，

　　　　我是昨天晚上刚(gāng)到的。
　　　　我是在大学学习的。
　　　　我们都是跟团体(tuántǐ)一起来的中国。

　1）“是……的”における“是”は省略してもよい。しかし，否定形では“是”は省略することができない。例えば，

　　　　他不是去年毕业(bìyè)的。

　2）動詞に名詞の客語を伴なう場合，“的”は客語の前に置いてもよいし，その後においてもよい。例えば，

　　　　他是坐汽车进的城。
　　　　昨天我是跟他一起进城的。

　3）動詞に人称代名詞の客語を伴なったり，動客句に方向を表わす補語を伴なう場合，“的”は文末に置かなければならない。例えば，

　　　　我是昨天看见他的。
　　　　他是前天晚上到日本来的。

比較 第14課「形容詞述語文」における“是……的”構文，「文法」③

② 介詞構造

　　介詞“从・在・跟・给”などとその客語である名詞あるいは代名詞と組合わさり介詞構造を作り，状況語として文の主要動詞の前に立ち，場所・時間・対象・比較などを表わす。介詞は動詞から転じたものが多いが，“在・到・给”(介詞用法は第10課本文３．および第25課会話(5)参照)のように，同時に動詞であるものもある。しかし，単独で使えない，重ね型をとらない，時態助詞や方向動詞がつけられないなどの点で，動詞と区別される。

1）“从・在・跟・给”等の例については本文参照。

2）“比”

　a．ふたりの人，ふたつの事物の比較には，次の型が用いられる。

　「A＋“比”＋B＋比較した結果」例えば，

　　　　这个比那个还好。

ｂ．形容詞文に限らず，動詞文のあるものについても"比"を用いて比較
　を表わすことができる。例えば，

　　　　他比我了解(liǎojiě)这儿的情况。

ｃ．程度補語をもつ場合「"比"＋中心語」の置かれる場所は，「動詞＋"得"」
　の前でも後でもよい。例えば，

　　　　他说中国话比我说得流利。

　　　　他说中国话说得比我流利。

ｄ．否定の場合は，普通"不"を介詞"比"の前に置く。例えば，

　　　　我不比他大。

ｅ．このほか，動詞"有"や"没有"を用いて比較を表わすことができる。
　その語順は次のとおりである。

　　　　「Ａ＋"有"・"没有"＋Ｂ＋("这么"・"那么")＋比較する点」

　　　　（ＡはＢと同じくらい……だ；ＡはＢほど……でない）

　　このような形の比較は否定文や疑問文に多く用いられる。

　　　　他学习得有你那么好吗?

　　　　他没有你那么大。

３）"跟……一样"

　　"跟"は前置詞で，"一样"は形容詞であるが，これらが前置詞句を構成
　し，次のような文法作用を及ぼす。

ａ．"一样"が述語となる場合。

　　　　这张纸的颜色跟那张一样。

ｂ．限定語となる場合。

　　　　我要买一本跟你这本一样的词典。

ｃ．状況語となる場合。

　　　　我什么时候儿才能说得跟你一样好呢?

　　なお，否定形は副詞"不"を"跟"の前に置いてもよいし，"一样"の前
　に置いてもよい。例えば，

　　　　我这个收音机的价钱(jiàqian)不跟他的一样。

　　　　这条河跟那条不一样长。

◇◇関連語句◇◇

出发 chūfā	放学 fàngxué	背诵 bèisòng	听写 tīngxiě
离开 líkāi	研究 yánjiū	测验 cèyàn	告假 gàojià
上学 shàngxué	翻译 fānyì	补习 bǔxí	考中〔上〕
下学 xiàxué	讲话 jiǎnghuà	复写 fùxiě	kǎozhòng〔shàng〕

【練習 1 】次のローマ字文を読んで訳しなさい。

1．Wǒ shì cóng túshūguǎn jiè de zìdiǎn.

_____

2．Wǒ shì zài shūdiàn yùjian tā de.

_____

3．Tā shì zuótiān dǎ diànhuà lái de.

_____

【練習 2 】次の単語を用いて正しい語順に並べ換え，文にしなさい。

1．是，南京，的，怎么，去，他们，到

_____

2．今天，看见，我，的，是，他，早上

_____

3．的，比，了解，他，情况，还，中国

_____

【練習 3 】次の文を訳しなさい。

1．わたしは昨日の午後 2 時半に北京に着きました。

_____

2．この本はあなたは誰から〔(～に)：跟～ gēn～〕借りたのですか。

_____

3．彼女は子どもたちにとてもおもしろい〔有趣 yǒuqù〕物語を話してあげました。

_____

20

21

22

23

24

25

複雑な述語をもつ構文 (2)

第25课　笑话(3)　谁　游得　好?
Dì èrshiwǔ kè　Xiàohua　Shuí　yóude　hǎo?

河边　上　坐着　三　个　青年，他们　正在　聊
Hébiān shang zuòzhe sān ge qīngnián, tāmen zhèngzài liáo

天儿。
tiānr.

第　一　个　说："我　爷爷　游　泳　游得　真　好，
Dì yī ge shuō : "Wǒ yéye yóu yǒng yóude zhēn hǎo,

就　在　这　个　地方，我　看见　他　在　水　下　呆了　三
jiù zài zhè ge dìfang, wǒ kànjian tā zài shuǐ xià dāile sān

分　钟。"
fēn zhōng."

第　二　个　说："我　爷爷　游得　更　好，他　在　水
Dì èr ge shuō : "Wǒ yéye yóude gèng hǎo, tā zài shuǐ

下　呆了　三　分　三　十　秒。"
xià dāile sān fēn sān shí miǎo."

第　三　个　说："你们　都　别　说　了。我　爷爷　才
Dì sān ge shuō : "Nǐmen dōu bié shuō le. Wǒ yéye cái

游得　好　呢。他　从　这儿　跳　下去，已经　四　年　了，
yóude hǎo ne. Tā cóng zhèr tiào xiàqu, yǐjīng sì nián le,

到　现在　还　没　上　来　呢。"
dào xiànzài hái méi shàng lai ne."

◇新出単語◇ ——————————————————— **84**

河边 hébiān 名 川辺

青年 qīngnián 名 青年

聊天儿 liáotiānr 動 世間話をする

呆 dāi 動 ⇒ "待"：じっとしている，と
　どまる

更 gèng 副 さらに，いっそう

秒 miǎo 量 秒

別 bié 副 …するな，（…しては）いけな
　い

跳 tiào 動 跳ぶ，跳びはねる

下去 xiàqu 接尾 「動詞の後に用いられ，
　高い所から低い所へ，あるいは近い所
　から遠くへ行くことを表わす」

上来 shànglai 動 （低い所から高い所へ）
　上がってくる，登ってくる

参照

① "河边上坐着三个青年"。の構文は，第21課「現象文」〔文法〕参照。

② "我爷爷游泳游得真好"。の構文は，第18課「程度補語をもつ文」〔文法〕参
　照。

③ "他在水下呆了～分〔秒〕。" および "他从这儿跳下去。"の構文は，第13課
　〔文法〕①「介詞構造」および第24課〔文法〕②「介詞構造」参照。

20

21

22

23

24

25

笑
話

会话(5)　致谢
Huìhuà　Zhìxiè

乙：我　住在　中国　这　两　年，总　给　您　添　麻烦，
Yǐ：Wǒ zhùzai Zhōngguó zhè liǎng nián, zǒng gěi nín tiān máfan,

太　不好意思　了。
tài　bùhǎoyìsi　le.

甲：别　客气　了，这　有　什么　不好意思　的。还　有
Jiǎ：Bié kèqi le, zhè yǒu shénme bùhǎoyìsi de. Hái yǒu

什么　事情　需要　帮忙　的，你　尽量　吩咐。
shénme shìqing xūyào bāngmáng de, nǐ jìnliàng fēnfu.

乙：没　有　什么　事　了，该　办　的　都　办　了。
Méi yǒu shénme shì le, gāi bàn de dōu bàn le.

甲：希望　你　以后　能　再　来　中国。
Xīwàng nǐ yǐhòu néng zài lái Zhōngguó.

乙：我们　后会　有期。
Wǒmen hòuhuì yǒuqī.

甲：这　是　我　送给　你　的　一点儿　纪念品，请　收下
Zhè shì wǒ sònggěi nǐ de yìdiǎnr jìniànpǐn, qǐng shōuxia

吧!
ba!

乙：让　您　这么　费心，真　是　使　我　过意不去。
Ràng nín zhème fèixin, zhēn shì shǐ wǒ guòyibúqù.

甲：这　点儿　小意思　算不了　什么!
Zhè diǎnr xiǎoyìsi suànbuliǎo shénme!

请　替　我　向　你　家里　人　问　好!
Qǐng tì wǒ xiàng nǐ jiāli rén wèn hǎo!

乙：一定 转达! 让 我 再 一次 谢谢 大家 的 帮助。
　　Yídìng zhuǎndá! Ràng wǒ zài yícì xièxie dàjiā de bāngzhù.

甲：祝 你 一路 平安!
　　Zhù nǐ yílù píng'ān!

◇新出単語◇ **86**

致谢 zhìxiè 動 感謝の意を伝える，礼を言う

添 tiān 動 つけ加える，加える

麻烦 máfan 名 面倒，手のかかること

需要 xūyào 〔助動〕…しなければならない，…すべきである

帮忙 bāngmáng 動 手伝う，（他人の仕事を）助ける

尽量 jǐnliàng 副 できるだけ，極力，なるべく

吩咐 fēnfu 動 申しつける，言いつける

该 gāi 助動 …すべきである，（…し）なければならない

办 bàn 動 やる，する，処理する

后会有期 hòuhuì yǒuqī 成 再会の時がまたある，機会があればまたお目にかかりましょう

纪念品 jìniànpǐn 名 記念品

收下 shōuxia 動 （贈り物などを）納める，受け取って自分のものにする

让 ràng 介・動 （動作・行為をおこさせる）…させる

费心 fèixīn 動 煩わす，気を遣う

使 shǐ 介・動 （動作・行為をおこさせる）…させる，…せしむ

过意不去 guòyibúqù 動 すまなく思う，恐縮に思う

小意思 xiǎoyìsi 謙 心ばかりのもの，寸志

算不了 suànbuliǎo 動 数えて（ある範囲内に）入れない，（後ろに"什么"を置いて）なんでもない，大したことはない

向 xiàng 介 「動作の方向や対象を示す」

问好 wènhǎo 動 安否を問う，ごきげんを伺う，よろしくいう

转达 zhuǎndá 動 伝達する，伝える

帮助 bāngzhù 動 助ける，援助する，手伝う

祝 zhù 動 祝う，祈る

一路平安 yílù píng'ān 連 道中ご無事で

— 119 —

〔文法〕

① 　第23課，第24課における「複雑な述語をもつ構文」と同様，動詞述語文の一種で，一つの文に述語が二つの動詞句から成り，前の動詞の客語が同時に後の動詞の主語となる作用をもつ複雑な述語構文がある。この客語を**「兼語」**といい，このような文を**「兼語式文」**という。

語順は次のとおりである。

　　　　「主語＋介詞・動詞＋兼語＋動詞」

本文中の例文：

　　　（我）让 您 费心。

　　　（这）使 我 过意不去。

　　　（×）让 我 谢谢。

他の例文：

　　　　我 请 他 来 吃 饭。

　　　　我 叫 他 去 买 东西。

② 　このほか，本文中「还有什么事情需要帮忙的。」のように，主語がなく動詞"有"で始まり，"有"の客語が同時に後の動詞の主語となる文があるが，この"有"の後の客語（"什么事情"）もその後の要素の主語となる役目を果たしているので，これも「兼語」であり，このような文を「無主語兼語文」とか，**「"有"の兼語式文」**という。

例えば，

　　　　有人在楼下叫你，你赶快去吧。

③ 　なお「受身式文」についても，その構成は形式上〔文法〕①におけるそれに同じ。例えば，

　　　　我父亲让人请去吃饭了。

この場合介詞（動詞）は，"让""叫"のほか，"被（bèi）"も多く用いられる。例えば，

　　　　他被大家选做（xuǎnzuò）代表。

新訂二版・初習者のための中国語入門
──初級文法と会話──

陶山　信男
　　　　　　　著
陶山　宗幸

2010.4.1　初版発行
2023.4.1　二訂版初版発行

発行者　井　田　洋　二

〒101-0062　東京都千代田区神田駿河台３の７
発行所　電話　東京 03(3291)1676　FAX 03(3291)1675
　　　　振替　00190-3-56669 番

株式
会社　駿河台出版社

製版・印刷・製本　㈱フォレスト
http://www.e-surugadai.com

音節 聲母＼韻母		a	o	e	-i[ɭ]	-i[ɿ]	er	ai	ei	ao	ou	an	en	ang	eng	ong	i	ia
														1				
唇音	b	ba	bo					bai	bei	bao		ban	ben	bang	beng		bi	
	p	pa	po					pai	pei	pao	pou	pan	pen	pang	peng		pi	
	m	ma	mo	me				mai	mei	mao	mou	man	men	mang	meng		mi	
	f	fa	fo						fei		fou	fan	fen	fang	feng			
舌尖音	d	da		de				dai	dei	dao	dou	dan		dang	deng	dong	di	
	t	ta		te				tai		tao	tou	tan		tang	teng	tong	ti	
	n	na		ne				nai	nei	nao	nou	nan	nen	nang	neng	nong	ni	
	l	la		le				lai	lei	lao	lou	lan		lang	leng	long	li	lia
舌根音	g	ga		ge				gai	gei	gao	gou	gan	gen	gang	geng	gong		
	k	ka		ke				kai		kao	kou	kan	ken	kang	keng	kong		
	h	ha		he				hai	hei	hao	hou	han	hen	hang	heng	hong		
舌面音	j																ji	jia
	q																qi	qia
	x																xi	xia
卷舌音	zh	zha		zhe	zhi			zhai	zhei	zhao	zhou	zhan	zhen	zhang	zheng	zhong		
	ch	cha		che	chi			chai		chao	chou	chan	chen	chang	cheng	chong		
	sh	sha		she	shi			shai	shei	shao	shou	shan	shen	shang	sheng			
	r			re	ri					rao	rou	ran	ren	rang	reng	rong		
舌齒音	z	za		ze		zi		zai	zei	zao	zou	zan	zen	zang	zeng	zong		
	c	ca		ce		ci		cai		cao	cou	can	cen	cang	ceng	cong		
	s	sa		se		si		sai		sao	sou	san	sen	sang	seng	song		
		a	o	e			er	ai	ei	ao	ou	an	en	ang			yi	ya